「Yes and」で切り開く
コミュニケーションの極意

いったん受けとめる習慣

株式会社共創アカデミー
代表取締役
中島崇学

フォレスト出版

はじめに

皆さん、こんなことはありませんか？

◎会議の席で部下から建設的な意見が出てこない。
◎友達と食事の約束をしても、なかなか行き先が決まらない。
◎子どもに「週末どこに行きたい？」と聞いても、「どこでもいい」の一言で終わってしまう。

一見些細《ささい》なことに思えるかもしれません。

でも、こういった状況を放っておくと、大きな問題に発展しかねません。

なぜでしょうか。

会議で建設的な意見が出なくなれば、指示待ち社員ばかりになってしまいます。

友達との食事の約束がスムーズに決まらなければ、そのうち付き合い自体がおっくうになり、人間関係が希薄になるかもしれません。

子どもが自分の意見を言わなくなれば、将来、夢や目標を持てない大人になってしまうかもしれません。

これらの問題の根底には、実は共通点があります。

それは、**あなたが相手の気持ちを「受けとめていない」**ということです。

もう一度思い出してください。

問題が起こる前、こんなことはありませんでしたか？

◎部下が会議で提案したのに、「いいんだけどさ……」と否定してしまった。

◎友達が和食の店を提案したのに「イタリアンがいい」と否定してしまった。

◎子どもが遊園地に行きたいと言ったのに「混《こ》んでいるから」と否定してしまった。

受け答えをした方は否定したつもりはなかったでしょう。でも、言われた方は「自分の気持ちを受けとめてくれなかった」「否定された」と思ってしまうのです。

こうしたことが続くと、そのうち、「どうせ言っても受けとめてくれない」と思い、何も言わなくなってしまう……そうした悪循環の結果が、冒頭の「小さいけれど、放っておけないトラブル」の芽を生んでしまうのです。

こんにちは。私の名前は中島崇学《なかじまたかあき》と申します。通称「とうりょう」と呼ばれています。現在、株式会社共創アカデミーの代表取締役を務めるとともに、共創ファシリ塾の塾長、そしてNPO法人はたらく場研究所の代表理事も兼任しています。

私は長年、ファシリテーターとして多くの会議や対話の場に立ち会ってきました。その経験から、人々のコミュニケーションを妨げている最大の障壁が、この「受けとめていない」という態度にあることに気づいたのです。

では、どうすればいいのでしょうか？

答えはシンプルです。

それは、「いったん受けとめる」ことです。

「いったん受けとめる」とは、アメリカの心理学者カール・ロジャースが提唱した**「受容」**という概念に基づいています。相手を否定せず、評価もしない。そうすることで、相手の安心感、話しやすさ、そして信頼を引き出すことができるのです。

具体的には、**「Yes but（イエス・バット＝うん、でも）」**ではなく、**「Yes and（イエス・アンド＝いいね、だったら……）」という接続詞**を使って会話を進めていくことです。一見単純なテクニックですが、これを身につけるだけで、人生は劇的に変わります。

ここで、疑問に思う方もいるでしょう。

「時には否定したくなることもあるのでは？」
「現実問題として同意できないこともあるのでは？」
「明らかに相手が間違っているときはどうすればいいの？」

「部下や子どもを甘やかすことにならないか？」

もちろん、全てを「受け入れる」必要はありません。
大切なのは、「いったん受けとめる」こと。

「受け入れる」と「受けとめる」は似て非なるものです。「受け入れる」は相手の意思を全面的に肯定し、同意することです。一方、「受けとめる」は、相手の意思を肯定したり同意したりすることとは別に、相手の意思を軽やかに尊重することです。

つまり、すべてを同意する必要はないのです。いったん受けとめた上で、代替案を提案したり、行動を促したりすれば、相手は否定されたとは思わず、むしろ建設的な対話が生まれます。

この「いったん受けとめる」習慣を身につけることで、生活の中に驚くほど多くのメリットが生まれます。

ビジネスシーンでは、部下がどんどん意見を言うようになり、会議が活性化します。顧客との商談がスムーズに進みます。新しいアイデアが次々と生まれます。

プライベートでは、子どもが自分の思いに正直になり、活動的になります。友人や家族との時間がより楽しくなります。

そして何より、相手を否定したり説得したりしなければならないストレスから解放されます。

だから、物事がどんどん思い通りに進んでいく。周りも自分を肯定してくれたと思うから、ますます積極的に関わってきてくれる。そんな好循環が生まれるのです。

つまり、人生が「楽」になるのです。

ここでいう「楽」とは、「らく」であり、同時に「楽しい」という意味です。


「苦」な人生より、「楽」な人生の方が、幸せだと思いませんか？


なぜ今、この「いったん受けとめる」が重要なのでしょうか。

それは、私たちを取り巻く環境が急速に変化しているからです。

新型コロナウイルスの流行以降、ワクチンを巡る議論や政治的な主張、働き方の多様化、ジェンダー問題など、価値観の分断がいっそう顕著になりました。こんな時代だからこそ、**「相手をいったん受けとめる習慣」とそれをより効果的に機能させるスキル**が求められているのです。

ビジネスの世界に目を転じてみましょう。

かつては、与えられた予算と目標に向かって一致団結すればよかった。しかし今や、「何をすべきか」というゴール自体を自分たちで決めなければなりません。そんな時代に、社員が自由に意見を言えないような職場や会社は、早晩衰退していくでしょう。

変化の激しい時代を生き抜くには、異なる意見や主張をいったん受けとめることで、新たなアイデアをビジネスチャンスに育てていかなければなりません。そのためには、上司から部下、部下から上司、そして同僚同士、あらゆる方向で「いったん受けとめる」ことを習慣化する必要があります。

もちろん、これはビジネスの世界だけの話ではありません。**家庭や友人関係など、プライベートな場面でも、この習慣は円満な人間関係を築く上で大きな力を発揮します。**

それでもやっぱり、「全てをいったん受けとめるなんて、聖人君子でもない限り無理じゃないか」と疑問に思う人もいるでしょう。

でも、大丈夫です。これは決して難しいことではありません。

誰にでもできるテクニックがあるのです。

この本では、そのテクニックを詳しく解説していきます。具体的には「Ｙｅｓ ａｎｄ」を使った会話の進め方、相手の気持ちを受けとめるための心構え、そして習慣化するための実践的なエクササイズまで網羅しました。これらを通じて、皆さんも「いったん受けとめる」スキルを身につけることができるはずです。

私の願いは、一人でも多くの人がこの習慣を身につけ、ビジネスでの成功や円満な家庭、そして幸せな人生を手に入れることです。

さあ、一緒に「いったん受けとめる」世界へ踏み出しましょう。

きっと、あなたの人生に素晴らしい変化が訪れるはずです。

contents

第2章

「いったん受けとめる」の土台づくり

第3章

「Yes and」でいったん受けとめる方法

第4章

好循環を生み出す「Yes思考」

第5章

「Yes and」の注意点と練習方法

――未来型対話の可能性

第6章 「Yes and」の活用事例

ブックデザイン　小口翔平＋畑中茜＋神田つぐみ（tobufune）
カバーイラスト　金安亮
執筆協力　いからしひろき（きいてかく合同会社）
DTP　キャップス
校正　広瀬泉
図版制作　二神さやか

第1章

なぜ、あなたは「受けとめられない」のか？

「ひろゆき化」する社会

最近、小学生の子を持つ親を悩ませている現象があるそうです。
それは**子どもの「ひろゆき化」という現象**です。

ひろゆきとは、「2ちゃんねる」創設者で、最近はコメンテーターとしてテレビ出演も目立つ西村博之氏のことです。ソニー生命保険による「中高生が思い描く将来についての意識調査2023」では「中高生が将来のことを相談したいと思う有名人ランキング」で5位にもなっており、中高生に対する影響力も大きい人です。

ネットのお悩み解決掲示板にも、「小学生の息子の『ひろゆき』化が激しいです」というスレッドが立っていたのを私は見たことがあります。

「何かあれば『それってあなたの感想ですよね？』と言ってくる息子。私は『それもあなたの感想ですよね？』と返して今のところは論破できていますが、そのうち新たな返しを息子が思いつくことが恐ろしいです」

スレ主は「Xで同じように嘆いている人を見ました」とも書いており、確かに似たようなつぶやきが注目を集めています。

ちなみに筆者の友達にも小学4年生の娘がいて、ひろゆきのYouTubeチャンネルを見ているそうです。今のところ娘さんから、ひろゆき語録を言われたことはないそうですが、学校では半数以上の生徒が「ひろゆき化」しているそうです。その娘さんのクラスの担任の先生はさぞ苦労していることでしょう。

「ひろゆき化」は子どもの世界だけではない

この「ひろゆき化」は、インターネットの世界や小学生の間にだけ起こっているできごとではないようです。**多くの職場で「ひろゆき化」は浸透してきています。**

ビジネスシーンにおける「ひろゆき化」の事例は、職場のコミュニケーションや意思決定プロセスに少なからず影響を与える可能性があります。以下にいくつかの具体的な例を挙げてみます。

ケース〃1〃会議での議論

社員が「それってデータに基づいた意見なんですか？」と頻繁に質問し、感覚的な提案や経験則に基づく意見を退《しりぞ》ける。

ケース〃2〃プレゼンテーション

発表者の主張に対して「それはあなたの主観的な見解ですよね？」と指摘し、客観的な根拠を過度に求める。

ケース〃3〃企画立案

「なぜそう考えるんですか？」「その根拠は何ですか？」といった質問を繰り返し、アイデアの提案者を追及する。

ケース〟4〟上司との対話

「それって昔の常識ですよね？」「今はそうじゃないと思うんですけど」と、上司の経験や知見に対して挑戦的な態度を取る。

ケース〟5〟営業戦略の議論

「そのアプローチが成功する確率はどのくらいだと思いますか？」と、具体的な数値や成功の見込みを執拗《しつよう》に問う。

ケース〟6〟人事評価

「その評価基準って公平だと思いますか？」「他社の成功事例はありますか？」など、既存の評価システムに疑問を投げかける。

ケース〟7〟社内メール

「もし、○○さんのおっしゃる通りだと仮定して」といった前置きを多用し、相手の意見を受けとめず、仮置きして、反論の余地を残す書き方をする。

ケース〃8〃新規事業の提案

「それって市場のニーズがあるんですか？」「競合他社の失敗例を研究しましたか？」など、提案に対して徹底的に疑問を投げかける。

これらの行動に、「いるいる！」と頷《うなず》いている読者もいるのではないでしょうか。こうした言動は時として建設的な議論や意思決定プロセスの改善につながりますが、過度に行われると職場の雰囲気を悪化させたり、意思決定を遅らせたりする恐れがあります。

もちろん、ひろゆきさんご本人を非難するつもりは一切ありません。彼の歯に衣《きぬ》を着せぬ論理的な物言いは見ていて痛快です。半ばタレントですから、意識してやっているところもあるでしょう。エンターテインメントとしてはとても楽しめます。

しかし、ビジネスシーンでの「ひろゆき化」は、批判的思考や根拠に基づく議論の重要性を示唆する一方で、チームワークやスムーズなコミュニケーションのバランスを欠く可能性があるので、注意が必要です。

無意識に否定してしまう人間の本能的なメカニズム

私のサラリーマン時代を振り返ってみても、周りはひろゆき氏のような論破王ばかりでした。

何か意見を言えば、**「それはおまえの個人的な意見だろう」「アイデアはいいけど現実味がない」**と、重箱の隅をつつくように問題点を挙げてつぶしにかかる人はいくらでもいました。

地位の高い人が「何か意見はないか?」というのは、「一応意見は聞いた」というエクスキューズのための呼びかけにすぎず、本当に部下の意見を聞こうというつもりはこれっぽっちもなかったということが、今ならよくわかります。

会社という組織は、本来そうなってしまうものなのかもしれません。

私自身もそうでした。

誰かが何かを言ったら、粗《あら》を探さないと給料がもらえないと思っていたのです。

個人の能力成果主義とは、他者を陥れて自分の評価を上げる風潮だったからです。

賛成ばかりしていたら自分という存在は必要ない。だから必ず反論しなきゃいけないし、問題点を探さなきゃいけない。それがサラリーマンの存在意義で、優秀な人間の証《あかし》なのだと、私だけでなく、誰もが思っていたことではないでしょうか。

存在意義イコール批判。これまでそういう時代をずっと続けてきた行きつく先が、今の「ひろゆき化」だと私は思っています。

本能的な自己防衛の反応

人間はなぜ否定的になりがちなのでしょうか。

私たちの周りには、否定的な態度を取る人がたくさんいます。会社の会議でも、建設的な意見交換よりも、お互いを批判し合ったり、自分の意見を押し付けたりすることが多いのではないでしょうか。一対一で話すと皆いい人なのに、なぜか大勢になると雰囲気が変わってしまうのです。

この現象の根底には、**人間の本能的な自己防衛**があると私は考えています。私たちは無意識のうちに、世の中は危険だと思い込んでいます。そのため、自分を守るために相手を否定してしまうのです。

岩手医科大学教授・北海道大学客員教授などを歴任した脳科学者の駒野宏人《こまのひろと》博士によると、**人間は生まれながらにしてネガティブな傾向を持っている**そうです。これは、私たちの祖先が生き延びるために必要だった特性だと言えます。

例えば、原始時代を想像してみてください。見慣れない足跡を見つけたとき、ネガティブな人類は「危険かもしれない」と考えて身を隠しました。

一方、ポジティブな人類は「大丈夫だろう」と考えて行動し、結果として危険な目に遭ったかもしれません。

未知の植物を見つけたときも同じです。警戒して食べなかった人は生き延び、警戒せずに食べてしまった人は命を落とした……。こうした経験の積み重ねが、私たちの遺伝子に刻み込まれているのです。

前述の駒野博士によれば、人間の脳は、危険な状況に直面すると**「逃げる」「反撃**

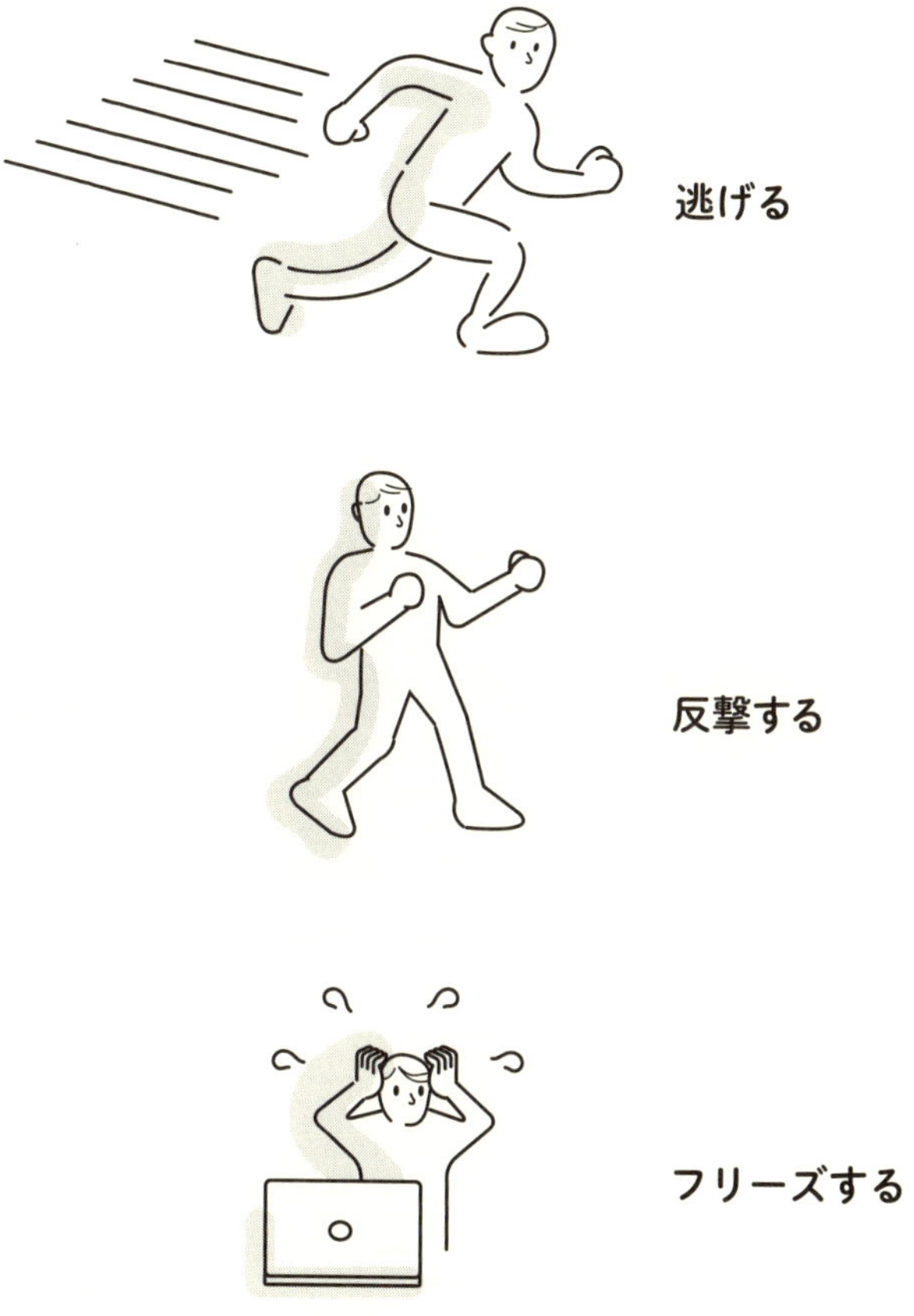

人間が持つ原始的な3つの反応パターン

する」「フリーズする」の3つの反応しかできないそうです。

これは、会社の会議でよく見られる光景と似ていませんか？

何か意見を言うと批判されるかもしれない、あるいは仕事が増えるかもしれないという恐れから、「逃げる（＝話をそらす）」「反撃する（＝相手の話を否定する）」「フリーズする（＝黙る）」という自己防衛的な態度を取りがちなのです。

会議の場で相手の意見を批判したり、新しいアイデアに対して即座に反対したりするのも、ホモサピエンスの本能的な反応の表れと言えるかもしれません。

「批判されるくらいなら、先に相手を批判しよう」
「新しいことをするよりも、今のままの方が安全だ」

こうした思考が、私たちの中に潜んでいるのです。

結局のところ、現代社会というのは、常に危険と隣り合わせで、いつも窮地に追い込まれている原始時代と本質的には変わりません。そして、この否定する傾向は、私たちの深い部分に根づいた本能的な反応なのです。

「否定する自分＝優秀」という誤解

現代のビジネス社会では、「それは違うんじゃないですか？」と否定的な意見を述べることが高く評価される傾向があります。否定して異論を唱える人に対して「鋭い」「できる」ビジネスパーソンというイメージを持たれがちです。

一方で、「その通りです」と同調するだけでは、「意見がない」「無能だ」というレッテルを貼られてしまいかねません。このような風潮が、人々を否定的な態度に駆り立てる一因となっているのでしょう。

ジェフ・ベゾスが推進する「否定する文化」

この考え方は、世界的に有名な企業のトップにも見られます。

例えば、アマゾンの創業者であるジェフ・ベゾスは、「ディスアグリー」を重視するよう提唱しています。「ディスアグリー」とは、英語で「同意しない」「賛同できない」という意味です。

ベゾスが具体的に提唱しているのは、**「反対し、コミットせよ（disagree and commit）」**という考え方です。この簡潔なフレーズには、組織を効率的に運営するための重要な鍵が隠されています。ベゾスはこの戦略を「Ｄａｙ2」と呼ばれる状態を避けるための方法だと説明しています。

「Ｄａｙ2」とは、停滞を意味するベゾス流のコピーワークです。ベゾスは常々、社員たちに対して毎日を「Ｄａｙ1（創業1日目）」と考えるよう促しています。これは、成功に満足せず、常に新しいチャレンジを続けることの大切さを表しています。

対照的に、「Ｄａｙ2」は成功に満足する停滞を意味し、それはやがて企業の衰退につながるという考えなのです。

ベゾスによれば、「Ｄａｙ1」の会社は非常に高度な決定を素早く下すことができます。そこでは意見の相違が存在し、それでもなおコミットメントが生まれるのです。

彼は次のように述べています。「たとえ同意が得られなくても、ある方向について確信があるなら、『この件について、我々が同意できていないことはわかっている。だが私に賭けてみないか？　反対し、コミットしないか？』と言えばよい」のだと。

このアプローチは、アマゾンの新製品開発の現場でも実践されていました。例えば、アレクサやエコーといった革新的な製品の開発過程でも、この「反対し、コミットする」という考え方が活用されているのです。

「否定せよ」だけが独り歩きしてしまった

さらに、この考え方はアマゾンのリーダーシップの大原則の1つである**「バックボーンを持つ（have backbone）」**にも通じています。アマゾンのウェブサイトには、リーダーの心得が次のように記されています。

「リーダーは同意できない場合には、敬意を持って異議を唱えなければなりません。たとえそうすることが面倒で労力を要することであっても、例外はありません」

ただし、ここで重要なのは、単に反対するだけではないという点です。意見の相違があったとしても、いったん決定がなされたら、全面的にコミットして取り組むことが求められるのです。これは、建設的な議論と迅速な実行の両立を目指す姿勢と言えるでしょう。

このように、ＩＴ業界の先駆者とも言えるベゾスが「否定せよ」と提唱していることに象徴されるように、多くのビジネスパーソンが否定的な意見を重視する傾向にあるのも無理はありません。

本来は、単に否定するだけではなく、その後のコミットメントも同じくらい重要なのですが、こういう場合、インパクトの強い「否定せよ」の部分だけが記憶に残り、さもそれだけが重要だと独り歩きしがちです。

だから、「否定する自分＝優秀」と言う風潮が世の中に蔓延《まんえん》しているのかもしれません。

いったん受けとめる勇気を持つ

今日のビジネス環境は、かつてないほど複雑化しています。

そのため、一人ひとりの主体性や創造性がより重要になってきました。なぜならば昔のように、上司の指示に従って決められた目標を達成すればよかった時代とは異なるからです。

現代の複雑な社会では、一人ひとりが自ら考え、チャレンジすることが求められています。問題の答えが1つではなく、目標も多様化しているからです。

そのため、組織内での合意形成が非常に重要になっていきます。みんなで話し合い、それぞれの意見を取り入れながら、新しい解決策を見つけていく必要があるのです。

「集合知」と「実践知」

ここで注目したいのが**「集合知」**と**「実践知」**という概念です。

集合知とは、多様な知識や経験を共有して問題解決を目指すプロセスのことです。例えば、ウィキペディアのように、多くの人が知識を持ち寄って一つの大きな情報源を作り上げることが集合知の一例です。

一方、実践知は実際の経験から得られる知識や能力を指します。つまり、机上の理論だけでなく、実際に行動して得られた知恵のことです。

これらの概念が重要なのは、現代のビジネス環境が複雑だからです。一人の天才や専門家だけでは解決できない問題が増えているのです。そのため、みんなで知恵を出し合い、実際にやってみて、その経験を共有するプロセスが必要になってきました。

しかし、現実には多くの職場で昔ながらの否定的なコミュニケーションが続いています。特に30代、40代以上の世代では、こうした文化が根づいていることが多いようです。なぜでしょうか？

それは、**学校教育において長らく「正解は1つ」「すでに決まっている」という考え方が主流だったからです**。テストでは正解を探す力や暗記力が重視され、みんなで話し合って正解を創る力を養うような教育はあまりされてきませんでした。

しかし、この状況は少しずつ変わりつつあります。

最近の大学教育では、創造力や探求力を養うために対話力を重視するようになってきました。そのため、20代くらいの若い世代では、新しいコミュニケーション方法を身につけている人も増えています。しかし、組織全体で見れば、まだまだ古い文化が残っているのが現状です。

「いったん受けとめる」がなぜ、アイデアの源泉になるのか？

ここで問題なのは、世代交代を待っているだけでは遅すぎるということです。なぜなら、多くの企業が今、危機感を抱えているからです。

既存事業を維持しながら新規事業も展開する「両利きの経営」が求められています。この難しい課題に対応するには、組織全体のコミュニケーション方法を早急に変える必要があるのです。

そしてここで大切になってくるのが、まさに**「いったん受けとめる」**という姿勢なのです。**相手の意見をまずは受けとめ、そこから対話を始めることで、新しいアイデアが生まれる可能性が広がります。**これは、単なる受け身の態度ではありません。むしろ、積極的に相手の意見を理解しようとする姿勢です。

具体的に求められるのが、**「Ｙｅｓ ａｎｄ」の対話術**です。これは、相手の意見をまず受け入れ（＝Ｙｅｓ）、そこに自分のアイデアを付け加えていく（＝ａｎｄ）手法です。一見簡単そうですが、実践するには勇気が必要です。

なぜなら、私たちには「Ｙｅｓ ｂｕｔ癖」がついているからです。

「Ｙｅｓ ｂｕｔ」とは、いったん相手の意見を認めるふりをして（＝Ｙｅｓ）、すぐに反論する（＝ｂｕｔ）コミュニケーション方法です。私たちがついこうしてしまうのは、相手の意見を否定する方が楽だし、自分の意見を曲げなくて済むからです。

しかし、この方法では新しいアイデアは生まれません。

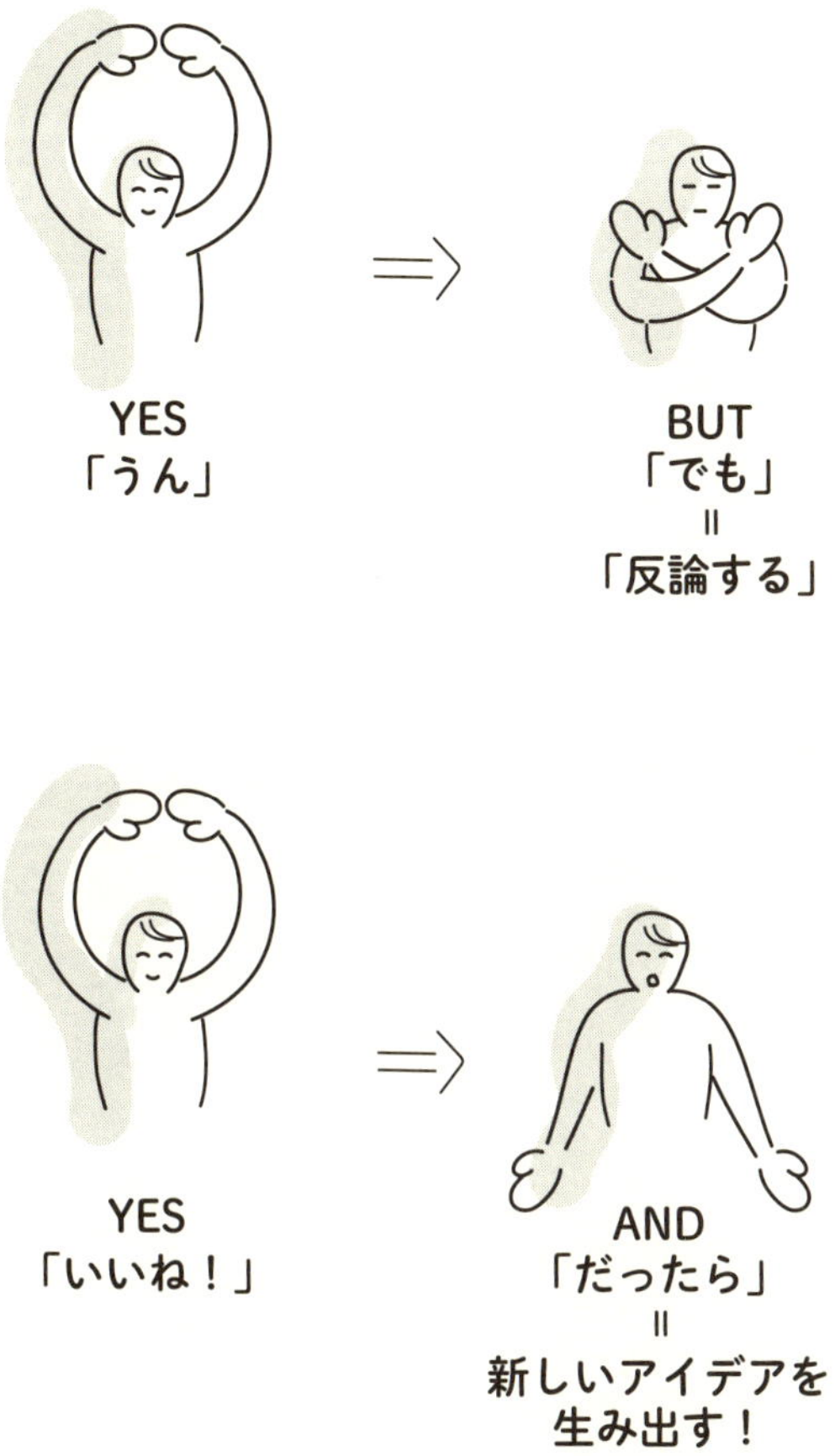

「Yes but」と「Yes and」

むしろ、対立を生み出すだけです。

一方、「Yes and」は、相手の意見をいったん受けとめ、そこから新しいアイデアを生み出そうとする姿勢です。これは、単に相手に同意するだけではありません。相手の意見を土台にして、さらによいアイデアを作り出そうとする創造的な態度なのです。

この「いったん受けとめる」姿勢は、最初は怖く感じるかもしれません。

「自分の意見を押し通せなくなるのではないか……」

「相手に負けてしまうのではないか……」

しかし、実際にはその逆です。相手の意見をいったん受けとめることで、相手との関係がよくなり、より心地よい対話が可能になり、結果的により優れたアイデアが生まれるのです。

「それはいいんだけど」という危険ワード

ある大手企業の役員向けワークショップで興味深い経験をしました。

「なぜ我が社ではイノベーションが起きないのか」という問いかけに対して分析してみたところ、参加した5人の役員全員が同じような口癖を持っていたのです。

それは次のような言葉でした。

「それはいいんだけどさ……」

実は、この「いいんだけど」という言葉には深刻な問題が潜んでいます。この言葉を頻繁に使う人々は、社会の至るところに存在しています。特に企業の中間管理職や役職者に多く見られ、彼らは何かしらの提案や意見に対して、必ずといっていいほど否定的な意見を付け加えずにはいられません。

このような態度の背景には、役職者としての「責任感」や「防衛本能」があります。「役職者である以上、高い視点から異論を唱える義務がある」という意識や、「付加価値を提案しなければならない」という義務感が働いているのです。

「ひとこと言わずにはいられない」が創造性と生産性を失わせる

しかし、このような「ひとこと言わずにはいられない」文化は、組織にとって大きな障害となっています。

特に問題なのは、このような否定的な意見を投げかける人々の声が往々にして大きいことです。そして、その声の大きさや地位の高さによって、周りの人々は自然とその意見に従ってしまう傾向があります。

これは単なる「強い者が勝つ」という原理が働いているだけで、そこには本当の意味での納得や共感は生まれません。

「but」の文化が支配的な職場では、チームビルディングが困難になります。なぜなら、真の対話や意見のすり合わせが行われず、単に誰かの意見に従うだけの集団になってしまうからです。

その結果、創造性は失われ、生産性も低下していきます。最近ではパワハラと受け取られることを恐れて、上司が必要以上に慎重になるケースも見られます。しかし、それは本質的な解決にはなりません。

確かに、余計な工夫を必要としない単純作業のような環境では、トップダウンの指示系統が効率的に働くかもしれません。「ミスをしなければいいので、とにかく余計なことはしないでほしい」という要望も理解できます。

しかし、現代のビジネス環境では、新しい価値を創造することが求められています。

例えば、新しい商品やサービスの開発では、前例のない課題に直面することが日常的です。そのような状況で、一人の管理職が全てを背負い込もうとしても、それは現実的ではありません。チーム全体で知恵を出し合い、創造していく必要があります。

結局のところ、「それはいいんだけど」という否定から入る姿勢は、短期的には物事を前に進めているように見えても、**長期的には組織の創造性や生産性を著しく損なう要因**となるのです。職場での建設的な対話が失われ、人材の流出にもつながりかねません。

日本の伝統に見る「受けとめる」精神

私たちは普段、「Ｙｅｓ ｂｕｔ」という否定的なコミュニケーションに慣れすぎているのかもしれません。しかし、日本の文化を振り返ってみると、実は私たち日本人には「いったん受けとめる」という素晴らしい特質が備わっていたことに気づきます。

著名な宗教学者である山折哲雄《やまおりてつお》が指摘しているように、**日本人は古来より「あれもこれも」を大切にしてきた民族です。異なる文化や価値観を排除するのではなく、むしろ積極的に取り入れ、融合させてきました。**

その典型的な例が、**明治維新期の文化受容**です。

当時の日本は、欧米の進んだ文化や技術を積極的に取り入れました。しかし、それは決して日本の伝統文化を否定することではありませんでした。むしろ、新しい文化と伝統文化を巧みに融合させ、独自の近代化を成し遂げたのです。

この「受けとめる」精神は、宗教観にも表れています。

例えば、仏教が伝来した際、既存の神道を否定することなく、むしろ両者を共存させる道を選びました。その結果、神社の中に仏像が置かれたり、寺院の中に神社が併設されたりする独特の宗教文化が生まれたのです。

現代に目を向けても、この傾向は続いています。クリスマスを祝った後に初詣に行くといった習慣は、まさに日本人特有の「あれもこれも」の精神を表しているのではないでしょうか。

他者の信仰や価値観を受容する度量の広さは、日本文化の大きな特徴と言えます。

現代に蘇《よみがえ》る日本の伝統的態度

しかし、近年のビジネスシーンでは、どちらかというと欧米的な「Ｙｅｓ ｂｕｔ」のコミュニケーションが主流になっています。これは、速やかな意思決定を重視する欧米型のビジネス文化の影響かもしれません。確かに、議論を打ち切って素早く結論を出すスタイルには一定の効率性があります。

ただし、現代のような複雑な社会において、このアプローチには限界があります。なぜなら、重要なのは「決めるまでの速さ」ではなく、**「決めた後の速さ」**だからです。

高度経済成長期からバブル期にかけては、限られたパイを素早く手に入れることが重要でした。自動車産業を例に取れば、いかに早く大量生産体制を確立するかが成功の鍵でした。そのため、迅速な意思決定が何よりも求められたのです。

しかし、現代は異なります。意思決定後の、現場の主体的な工夫かつ柔軟な対応や、現場からの迅速なフィードバックがより重要になっています。多くの企業で中期計画を毎年見直す「ローリング方式」の採用もその一例です。これは、環境変化の複雑さと速さに対応するための必然的な選択と言えます。

このような時代には、多様な個々人の主体性が頼りです。そうなると、日本人が古来より持っていた「受けとめる」精神は、むしろ現代的な価値を持っているのではな

いでしょうか。

相手の意見を受けとめ、多様な視点を組み合わせていく「Ｙｅｓ ａｎｄ」のアプローチは、現代社会により適合的するはずです。

結論として、私たちは「Ｙｅｓ ｂｕｔ」という否定的なコミュニケーションを見直し、日本人が本来持っていた「受けとめる」精神を取り戻す必要があると考えます。それは単なる懐古主義ではなく、むしろ未来志向の選択なのです。

「Yes but」時代の終焉《しゅうえん》

かつてビジネスの世界では、「Ｙｅｓ ｂｕｔ」型のコミュニケーションが主流でした。「そうですね、でも……」という形で、いったん相手の意見に同意してから反論を展開する手法です。

特にアメリカのＩＴ企業では、前述したアマゾンの例に代表されるように、この手法で徹底的な議論を重ね、革新的なサービスを生み出してきました。

約30年前、日本の多くの管理職研修でも「まず相手の意見を認めてから反対意見を述べなさい」と教えられていました。その背景には「自分の存在意義を示さなければならない」という暗黙の圧力があり、クリティカルシンキングという言葉のもと、むしろ否定することが推奨されていたのです。

しかし、このコミュニケーションスタイルにも限界が見えてきました。

その象徴的な例がマイクロソフトの変革です。

現CEO兼会長のサティア・ナデラは、「共感」を重視し、社員の声に耳を傾け、ボトムアップやミドルアウトの意見を尊重する文化づくりに取り組みました。この変革は大きな成果を上げ、マイクロソフトは再び成長軌道に乗ることができました。

また、電気自動車をめぐる議論も、「Yes but」の文化の限界を示しています。環境問題への対応として、完全な電気自動車への移行が主張される一方で、ハイブリッド車という選択肢もあり、地域によって最適な解決策は異なります。

「あれかこれか」という二元論では、今の複雑な社会に対応できなくなってきているのです。むしろ必要なのは「あれもこれも」という考え方であり、これは実は日本の伝統的な価値観に近いものかもしれません。

「グループ」と「チーム」の違い

このような状況の中で、組織のあり方も大きく変化しています。

特に重要なのが**「グループ」と「チーム」の違いを理解すること**です。

「グループ」は単なる集団であり、メンバーがそれぞれ淡々と自分の分担をこなしているにすぎません。一方、「チーム」は、お互いリスペクトしながら共通の目標やゴールに向かって協力し合う集団です。

これを料理のたとえで説明すると、「グループ」はキャンプ場でカレーを作る集団のようなものです。野菜を切る人、お米を炊く人、ルーを作る人など、役割分担はできていますが、その先の連携が取れていません。

それに対して、一流レストランのキッチンで働くシェフたちは、まさに「チーム」と言えます。それぞれが自分の役割をこなしながらも、互いを尊重し、最終的な料理の完成イメージを共有しながら、分担と連携をしています。

チームの関係性を強化する「Yes and」

そこで注目されているのが**「Yes and」というコミュニケーション手法**です。

相手の意見を本当の意味で受けとめ（＝Ｙｅｓ）、そこに新しい視点を付け加えていく（＝ａｎｄ）というアプローチです。これは単なるテクニックではなく、他者との関係性を重視する新しい価値観の表れと言えるでしょう。

チームを支える土台は**「意味づけの共有」「パーパス（志）の共有」**です。昭和の時代なら、予算達成後にビールで乾杯できれば、それで充実感と幸せを感じられたかもしれません。しかし今は違います。単なる数字の達成では、私たちは満足できず、意味を求める時代になったのです。

全日本クラブ選手権を２０１６年から6回制し、全日本選手権を4回制している女子ラクロスチーム「ＮｅＯ（ネオ）」では、「どうすれば勝てるか？」ではなく、「何のためにラクロスをやっているのか？」について徹底的に議論したそうです。「日本を元気にするため」「子どもたちに夢を与えるため」など、パーパスを共有することで、はじめて戦略に魂が宿るからです。

一見、「Ｙｅｓ ａｎｄ」は面倒に感じるかもしれません。

しかし、実は「Ｙｅｓ ｂｕｔ」こそが私たちを疲弊させています。

「それはあなたの意見ですよね？」という言葉を投げかけられたら、誰もが息苦しさを感じるはずです。なぜなら、そこには建設的な対話の余地がないからです。

パーパスを共有したチームだからこそ、建設的な反論も生まれます。「同じ船に乗っている」という安心感があれば、よりよい方向に向かうための意見を自由に出し合えます。

「Ｙｅｓ ｂｕｔ」は、環境が比較的単純で、やるべきことが明確だった時代に適していました。しかし今や、前例のない複雑な社会を生きています。一人ひとりのモチベーションと工夫が、これまで以上に重要になってきているのです。

「Yes and」を実践し続ける難しさ

しかしながら、「Yes and」を続けることには、想像以上の難しさもあります。それは、「Yes and」の本質が、自分の固定観念や先入観を広げたり、壊すことにあるからです。言い換えれば、自分の「度量」を広げる作業なのです。

私たちは普段、自分の狭い固定観念や先入観の中にいることで安心感を得ています。そこにとどまっていれば楽です。ところが、「Yes and」では、そこから一歩踏み出して、相手の考えも受けとめなければなりません。

その過程で必要となるのが、**柔軟性**です。

自分の考えを変えること、視野を広げることは、想像以上に疲れる作業です。特に慣れていない場合は、なおさらです。例えば、私自身、実は人見知りで、見知らぬ人と出会う社交の場が苦手です。そんな性格だからこそ、無条件に相手の意見を受けとめることの難しさがよくわかります。

かつての能力成果主義の時代には、自分のノウハウを秘匿したり、他人の評価を下げたりすることで、個人の評価を上げようとする風潮もありました。

しかし、そういった姿勢は組織の力を確実に低下させていきます。

では、どうすれば相手の意見を真摯《しんし》に受けとめ続けることができるのでしょうか。

「いきの構造」と「Yes and」の意外な共通点

そのヒントとして、私は哲学者・九鬼周造《くきしゅうぞう》の「いきの構造」に注目しています。

九鬼さんによると、「いき」という語は、**「意気地《いきじ》」「諦念《ていねん》」「媚態《びたい》」の三つの要素**が統合されたものだそうです。

「意気地」とは簡単に言えば志を持つこと。「諦念」とは、一人で抱え込まず、みんなで協力しようという態度。「媚態」とは、可愛げのある柔らかな態度のことです。

これらはまさに、「Ｙｅｓ ａｎｄ」の精神に通じるものがあります。

特に大切なのは「諦念」の心構えです。力まず、肩の力を抜いて生きていく姿勢です。そして、「意気地」は、今でいうパーパス（目的）に近いものですが、私はあえて「志」という言葉を使いたいと思います。なぜなら、志には必ず利他的なニュアンスが含まれるからです。

Ｚ世代に根づく「意味づけ」の姿勢

興味深いことに、最近のＺ世代は、**「なぜそれをするのか」という意味づけ**を重視する傾向があります。お金のためだけでなく、社会的な意義を求める姿勢は、むしろ「Ｙｅｓ ａｎｄ」の理想に近づいているのかもしれません。

実際、企業の現場でも、１ｏｎ１ミーティングなどで若手社員の不安や疑問に耳を傾け、しっかりと受けとめることで、定着率が向上するという事実があります。これは、「Ｙｅｓ ａｎｄ」の考え方が、これからの時代によりいっそう重要になっていくことを示唆しているのではないでしょうか。

確かに、「Ｙｅｓ ａｎｄ」を実践し続けることは簡単ではありません。しかし、練習を重ねることで、次第に楽になっていきます。

むしろ、相手の意見を否定し続ける方が、長い目で見ると疲れるものです。大切なのは、自分の「度量」を広げ、柔軟性を育《はぐく》むこと。そして、その土台となる「志」をしっかりと持つことなのです。

第2章

「いったん受けとめる」の土台づくり

共感と承認の重要性

さて、「Ｙｅｓ ａｎｄ」の本質は、単なるコミュニケーションの技法ではありません。それは、一人ひとりの存在と意見を尊重し、互いを認め合う文化を築くための重要な基盤となるものです。

この手法の核心は「共感」と「承認」にあります。

特に現代のビジネス環境において、個々人が主体性を発揮するためには、エンゲージメント（深い関わり合いや関係性）やウェルビーイング（個人と社会のよい状態）といった人的なあり方に関わる要素が、大きく左右するようになってきました。

「やらされ感」でもなんとか乗り切れたかつては、感情を抜きにした論理的な判断や指示だけで事が進んでいた時代でしたが、今はそうはいきません。

「共感」と「承認」に不可欠な「関心」

人間の脳には、言語や分析を担当する大脳新皮質《だいのうしんひしつ》と、感情をつかさどる大脳辺縁系《だいのうへんえんけい》があります。ビジネスの現場では長らく、大脳新皮質による論理的な思考が重視されてきました。しかし、そもそも人は感情で動きます。真のチームづくりには、大脳辺縁系が司る感情面での理解が欠かせません。

特に重要なのは、結果ではなく、感情や行動や存在そのものを認め、リスペクトすることです。例えば「数字がいいから偉い」という評価ではなく、「数字を上げるために遅くまで頑張っていた事実」「決めたら諦《あきら》めないでやり抜く姿勢」を評価するといった、その人の行動やあり方に対する認識と承認が大切になります。

子どもでさえ、テストで１００点を取って「偉い」と言われるより、「毎晩遅くまで勉強していたからね」と、プロセスを褒められた方が嬉しいものです。

このような共感と承認を実現するためには、相手への「関心」が不可欠です。

マザー・テレサの言葉を借りれば、**「愛の反対は無関心」**なのです。

アメリカのとある調査でも興味深い変化が見られます。かつては「自分より優れている人」を尊敬する傾向が強かったのに対し、現代では「自分の価値観をわかってくれる人」を尊敬する傾向が強まっているそうです。

そのためには、アウトプットだけでなく、プロセスにも興味関心を持つ必要があります。つまり、数字や結果だけでなく、その背景にある人々の努力や思い、チームの雰囲気などにも目を向けることが重要になります。


このように、相手への関心を持ち、共感と承認を示すことは、一見遠回りに見えるかもしれません。しかし、それこそが心理的安全性を築き、創造的な対話を生み出す土台となるのです。

チームメンバー一人ひとりが、自分の存在と意見が尊重されていると実感できる環境こそ、「Ｙｅｓ ａｎｄ」が目指すものです。

シンパシーとエンパシーの使い分け

共感には2つの種類があります。

感情の共感（シンパシー）と**知の共感（エンパシー）**です。この2つを状況に応じて適切に使い分けることが、効果的なチームコミュニケーションの鍵となります。

感情の共感（シンパシー）は、同じような立場や経験を持つ者同士で交わされる共感です。例えば、次のような形で表現されます。

「私も同じ営業パーソンとして、その苦労はよくわかります」
「それは本当に辛いですよね」

同じ職種、同じ部署、同じ境遇にある者同士だからこそ可能な、感情レベルでの深い理解と共感です。これにより、相手は自分の感情が確かに受けとめられていると感じることができます。

一方、知の共感（エンパシー）は、直接的な経験はないものの、想像力を働かせて相手の立場に立とうとする共感です。

「それは私には到底真似できないほどの大変なことですね」
「さぞかしお辛いでしょう」

この使い分けが特に重要になるのは、立場や経験が大きく異なる場合です。例えば、病気の人の話を健康な人が話を聞く場合を考えてみましょう。健康な人が「苦しいのはわかります」と感情の共感を示そうとすれば、それはかえって相手の反感を買うことにもなりかねません。このような場合は**「そんな苦しみは、私には想像もつきません。さぞ大変だったでしょう」**という知の共感を示す方が適切です。

共感を示す際に気をつけるべきこと

重要なのは、どちらの共感も相手の気持ちを「受けとめる」という点では同じだということです。 感情の共感ができない場合でも、知の共感によって相手の気持ちに寄り添うことは十分に可能なのです。

また、共感を示す際に気をつけるべきなのは、安易な解釈や価値観の押しつけを避けることです。**「要するにこういうことでしょう」「君の言いたいことはわかった」** といった言葉は、往々にして相手の気持ちを正確に理解しないまま、自分の解釈を押し付けてしまう危険があります。

代わりに、相手の立場に立って考え、感情や状況を理解しようとする姿勢が大切です。

感情の共感「そのお気持ち、私には大きな痛みとして伝わってきます」
知の共感「そのような状況は、私にとっても考えさせられることです」

シンパシーとエンパシーが「Yes and」の土台となる

このように共感には2つの形があり、それぞれの状況に応じて適切に使い分けることで、より深い相互理解が生まれます。

そして、この理解こそが「Yes and」による建設的な対話の土台となるのです。シンパシーとエンパシー、どちらの共感であっても、相手の気持ちを真摯《しんし》に受けとめようとする態度があれば、それは必ず相手に伝わり、信頼関係の構築につながっていきます。

なお、これらの共感は決して表面的なものであってはなりません。

真の共感には、相手への深い関心と理解が不可欠です。**時には黙って聞くことが最良の共感表現となる場合もあります。**状況や相手に応じて、最適な共感の形を選択することが、コミュニケーションの質を高める重要な要素となります。

心理的安全性の基盤を築く3つの要素

「Ｙｅｓ ａｎｄ」の基盤となる心理的安全性を築くためには、仕組みづくりが不可欠です。なぜなら、組織や集団の中で自分の考えや気持ちを安心して表明できる心理的安全性とは、一朝一夕には築けず、意識的な働きかけと具体的な施策の積み重ねによってはじめて実現されるものだからです。

特に重要となるのが、次の３つの要素です。

①ゴールの見える化
②ルールの明確化
③チェックインの活用

見えないものは不安を生みやすく、その不安が心理的安全性を損なう大きな要因となります。ゴールを共有し、ルールを明確にし、お互いの状況を理解しあえる仕組みを作ることで、チームメンバーは安心して意見を述べ、創造的な対話に参加することができるようになります。

ここからは、これら3つの要素について、具体的な実践方法と、それぞれがなぜ心理的安全性の構築に重要なのかを詳しく見ていきます。

要素① ゴールの見える化

組織において心理的安全性を築くためには、まず「見える化」が不可欠です。特に重要なのが、**「ゴールの見える化」**です。なぜなら、見えないものは不安を生み、その不安が心理的安全性を損なう大きな要因となるからです。

ゴールが見えないチームでは、メンバーは自分の発言や行動が正しい方向に向かっているのかどうかを判断できません。その結果、「この発言は場違いなのではないか」

「この提案は的外れだと思われないだろうか」という不安が生まれ、次第に発言を控えるようになってしまいます。

実際の例を見てみましょう。

ラクロスチームの例で前述しましたが、優れたスポーツチームでは、「何のためにプレーしているのか」について徹底的な議論を行います。「日本を元気にするため」「子どもたちに夢を与えるため」など、具体的なゴールを共有することで、戦略に魂が宿るのです。

2010年に南アフリカで開催されたFIFAワールドカップのサッカー日本代表をベスト16に導いた岡田武史監督も、ベスト4をビジョンに掲げ、「日本の勝てる形を創ること」をパーパスに設定して偉業を成し遂げました。

このように、組織は「予算主義」から「パーパス（目的）主義」へと転換していく必要があります。

リモートワークは「ゴールの見える化」が必須課題

ゴールの見える化は、特にリモートワークが一般化した現代において、よりいっそう重要性を増しています。物理的な距離が離れることで、心理的な距離も開きやすくなるからです。例えば、リモート会議では画面をオフにしたまま参加する人も多く、言葉だけが独り歩きする状況が生まれやすくなっています。

こうした状況を改善するためには、ゴールを常に確認しあう必要があります。

「このミーティングが終わったら、どうなっていればいいか」
「我々は何のためにこれをやっているのか」
「目標を達成したその先には何があるのか」
「我々はどういう方向を目指しているのか」

物理的な距離が離れていても、同じ方向に向かって進んでいるという実感があれば、リアル、リモートにかかわらず、チームとしての一体感を保つことができます。

ゴールの見える化は、単なる目標の明示化ではありません。それは組織の存在意義や、メンバー一人ひとりの貢献の意味を明確にすることでもあります。

「なぜそれをするのか」という社会的な意味づけを重視する傾向は、特に若い世代に顕著に見られるのは前にも述べた通りです。お金のためだけでなく、社会的な意義を求める姿勢は、むしろ理想的な組織のあり方に近づいているともいえます。

ゴールが明確に見える組織では、メンバーは自分の発言や行動に自信を持つことができます。なぜなら、その発言や行動が組織の目指す方向性に沿っているかどうかを、自分で確認できるからです。

これにより、「Ｙｅｓ ａｎｄ」による建設的な対話も生まれやすくなります。

さらに、明確なゴールの共有は、対立を防ぐ効果もあります。

例えば、ある県の教育委員会と先生たちの対話で意見が紛糾したとき、一人が**「私たちは『子どもたちのしあわせを願う』という同じ船に乗っていますよね」**という発言から急速に収束したことがあります。

このように、「私たちは同じ船に乗っているのだ」という認識があれば、建設的な議論に転換することができます。結局のところ、私たちは皆、よりよい未来を作るという同じゴールを目指しているのです。

要素② ルールの明確化

心理的安全性を築く上で、ゴールの見える化と並んで重要なのが、**「ルールの明確化」**です。具体的には、「この場ではどういう立場でどこまで話していいのか」というルールを明確にすることが、心理的安全性の基盤となります。

なぜ、ルールが必要なのでしょうか？

それは、人間にとって、無制限の自由は不安を喚起するものだからです。

ルールが不明確だと、人々は不安感が先に立ち、「立場と責任の中から取捨選択して発言をする」という保身的な習慣に縛られてしまうからです。

この習慣は、共創の大きな阻害要因となります。特に、複雑で前例のないビジネスの現場では、一人ひとりが自由に意見を出しあえる環境が不可欠です。

ルールの明確化は、特に「Ｙｅｓ ａｎｄ」のコミュニケーションを実践する際に重要です。例えば「否定しないこと」をルールとして明確にすることで、メンバーは安心して意見を述べることができます。

心理的安全性を阻害する最大の要因は「否定されるかもしれない」という不安です。この不安があると、黙っている方が安全だと考えてしまい、意見が出せなくなってしまいます。

要素③ チェックインの活用

心理的安全性を高めるための具体的な施策として、**「チェックイン」**という手法があります。これは、会議やミーティングの冒頭で、参加者一人ひとりが今感じていることを共有する時間を設けることです。

一見単純な取り組みに思えるかもしれませんが、チェックインには重要な意味があります。**「今、そんな気持ちで皆は働いているんだ」という相互理解が生まれ、参加者の安心感が大きく高まるのです。**

これは特に、リモートワークが一般的となった現代において、よりいっそう重要性を増しています。例えば、画面をオフにしたままリモート会議に参加する人が増えている現状では、言葉だけが独り歩きしやすく、お互いの表情や身振り手振りが見えない中でのコミュニケーションを強いられます。

「それはできません」という一言も、対面なら柔らかく伝えられることが、文字や音声だけではとても冷たく感じられてしまうことがあります。

このような状況で、チェックインを活用することで、参加者それぞれの状況や心理状態を共有し、相互理解を深めることができます。

「昨日は子どもが熱を出して、あまり眠れませんでした」
「今日は大きな商談が控えていて、少し緊張しています」

このような率直な気持ちの共有が、その後の対話をより円滑にします。

特に重要なのは、チェックインによって**「お互いの状況や考えの見える化」**が図れることです。見えないと不安になるのは人間の本質であり、その不安を軽減するためにも、チェックインは効果的なツールとなります。

チェックインは**「全員参加型の環境作り」**にも貢献します。発言の機会が特定の人に偏りがちな会議でも、チェックインの時間があることで、全員が必ず一度は声を出す機会が生まれます。これは、その後の議論への参加のハードルを下げる効果があります。

さらに、チェックインは**「Yes and」のコミュニケーションを実践する上でのよいウォーミングアップ**にもなります。お互いの状況を受けとめあうという体験が、その後の建設的な対話の土台となるのです。

ただし、チェックインを形式的なものにしてはいけません。「元気です」「特にありません」といった表面的な応答で終わらせるのではなく、その時々の本音を共有できる雰囲気づくりが重要です。そのためにも、リーダーが率先して自身の状況や感情を正直に共有することが効果的です。

第3章

「Yes and」でいったん受けとめる方法

実践のための3つのマインドセット

「Ｙｅｓ ａｎｄ」を効果的に実践するためには、これまでの考え方を大きく転換する必要があります。それは単なるスキルの習得ではなく、私たちの思考や行動の基盤となるマインドセットの変革を意味します。

特に重要なのが、次の３つです。

マインドセット❶自分の有能性を証明したい強迫観念からの解放
マインドセット❷仲間の多様な知恵を統合する集合知の発想
マインドセット❸問題解決に対する創造的なアプローチ

これらは一見、私たちが慣れ親しんだビジネスの作法と相反するように見えるかもしれません。しかし、複雑性を増す現代のビジネス環境において、むしろこれらの新しいマインドセットこそが、組織の成功を導く鍵となるのです。

ここからは、これら3つのマインドセットについて、その本質と実践方法を具体的に見ていきましょう。

マインドセット❶ 自分の有能性を証明したい強迫観念からの解放

「Yes and」を実践する上で最も大きな障壁となるのが、私たち一人ひとりが持つ**「有能性証明欲求」**です。これは、前章でも述べましたが、**自分の有能さを証明しなければならないという無意識の強迫観念**のことを指します。

たとえば会議の場で、誰かの意見を聞きながら「自分も賢く思われるようなことを何か言わなければ……」と考えてしまうことはありませんか。

あるいは「これくらいの立場なら、こういう意見が言えて当然だ」と思い込む。このように、私たちは知らず知らずのうちに、自分の有能性を証明しようとする圧力に駆られています。

この有能性証明欲求が強く働くと、相手の話を真摯《しんし》に聞くことができなくなります。なぜなら、相手の話を聞きながら、自分が次に何を言うべきかをずっと考えてしまうからです。これでは真の対話は生まれません。

多くの場合、相手は私たちの有能性を証明してもらいたくて話しているわけではありません。むしろ求めているのは「共感承認欲求」の充足、つまり自分の考えをわかってもらいたい、認めてもらいたいという思いなのです。

しかし、話を聞く側も自分を認めてもらいたいと思っている。

この有能性証明欲求と共感承認欲求のミスマッチが、コミュニケーションの質を低下させる大きな要因となっています。

「要するに」という言葉の危険性

有能性証明欲求の発露の典型的な例が**「要するに」**という言葉の使用です。

「要するにあなたが言いたいことは……」

こう切り出して、相手の意見を自分なりに解釈して返すのは、一見知的に見えるかもしれません。しかし、これは往々にして相手の真意を正確に理解しないまま、自分の解釈を押し付けてしまう結果となります。

有能性証明欲求から解放されるためには、まず、自分がこの欲求に縛られていることを自覚することが重要です。そして、相手は私たちの有能性の証明を求めているのではなく、共感と理解を求めているのだということを心に留めておく必要があります。

この意識の転換ができれば、相手の話をより深く聴けるようになり、その結果として、より創造的な対話が可能となります。有能性の証明にとらわれない分、心にも余裕が生まれ、その場その場でより自然な反応ができるようになるのです。

これは単なるコミュニケーションのテクニックではありません。それは、相手の存在を本当の意味で受け入れ、共に新しい価値を創造していこうとするマインドセットの根幹をなすものなのです。

マインドセット❷

仲間の多様な知恵を統合する集合知の発想

集合知とは、組織やチームのメンバーが持つ知識や経験を共有し、それらを統合することで生まれる新しい知恵のことです。

第1章でも述べたように、現代の複雑なビジネス環境においては、一人の天才や専門家だけでは解決できない問題が増えています。そのため、メンバー全員の知恵を結集する集合知の活用が、これまで以上に重要になってきています。

ここで重要なのは、**集合知は単なる意見の足し算や選択ではない**ということです。「Ｙｅｓ ｂｕｔ」的な発想で意見を取捨選択していくと、それは集合知とはなりません。なぜなら、取捨選択は既存の選択肢の中から選ぶだけで、新しい価値は生まれないからです。

一方、「Ｙｅｓ ａｎｄ」によって互いの経験を重ね合わせていくプロセスによって、そこには相乗効果が生まれます。

例えば、あるメンバーのアイデアに別のメンバーが新しい視点を加え、さらに別のメンバーがそれを発展させる。このように意見を積み重ねていくことで、誰一人として思いつかなかったような革新的なアイデアが生まれることがあります。

集合知を活用する上で大切なのは、一人ひとりがユニークな存在であり、それぞれが異なる視点や経験を持っているという認識です。その違いを活かし、共に新しい知恵を創造していこうとするマインドセットが、集合知を機能させる鍵となります。

そして、このプロセスを通じて、チームの一体感も自然と高まっていくのです。

マインドセット❸ 問題解決に対する創造的なアプローチ

問題解決に対する創造的なアプローチとは、既存の課題解決思考とは異なるアプローチで問題に取り組む姿勢を指します。

第1章でも述べたように、従来の課題解決思考では、「問題の原因は何か」を探り、その原因を取り除くことに注力してきました。しかし、この方法では足元の問題を解決するだけで、新しい価値を生み出すことはできません。

創造的問題解決においては、まず「理想はどうあるべきか」という視点から出発します。今ある資源や経験を活かしながら、その理想に向かってどのような選択肢があるのかを探っていくのです。これは、**否定から入る「ｂｕｔ思考」ではなく、可能性を広げていく「ａｎｄ思考」による問題解決**と言えます。

この姿勢は、対立を協力の構図に転換する力も持っています。例えば、主催者に対する批判や要求が続出する会議であっても、「Ｙｅｓ ａｎｄ」のアプローチで臨むことで、参加者が自ら解決策を提案し始めるような展開を生み出すことができます。なぜなら、このアプローチは単なる否定や批判ではなく、共に未来を創造していこうとする姿勢を基盤としているからです。

創造的問題解決の実践では、まず相手の意見の中にある価値を見出し、そこに新しい視点を加えていきます。それは必ずしも大きな変革である必要はありません。小さな「ａｎｄ」の積み重ねが、やがて予想もしなかった革新的な解決策へとつながっていくのです。

「あいづち」「うなずき」「繰り返し」の技法

「Yes and」を実践する上で、最も基本的かつ重要なスキルが**「あいづち」「うなずき」「繰り返し」**です。

これらは一見単純な反応に思えますが、相手の話を確かに受けとめて、相手の不安を解消する手段として、極めて重要な役割を果たします。コミュニケーションにおいての最大の不安は「相手が受けとめてくれているかどうか」だからです。

あいづちは「は行」

まず、「あいづち」ですが、特に「は行」の言葉を使うことをお勧めします。

「はっは～（なるほど）」

「ひぇ～（驚き）」

「ふ～ん（そうなんだ）」

「へぇ～（すごい！）」

「ほぉ～（それでそれで？）」


「はい」「へぇ」「ほう」といった言葉は、相手の話を受けとめている感覚を効果的に伝えることができます。

「なるほど、なるほど、なるほど」と同じ言葉を繰り返すのは避けるべきです。このような単調な繰り返しは、かえって相手の不信感や苛立《いらだ》ちを招きかねません。

相手の話のリズムに合わせて「うなずく」

次に「うなずき」ですが、これも相手の話を受けとめている証《あかし》として重要です。相手の話のリズムに合わせて適度にうなずくことで、「あなたの話をしっかり聞いています」というメッセージを伝えることができます。

ここで重要なのは、相手のテンポやリズム、呼吸に合わせせることです。

これは**「ペーシング」**と呼ばれる会話テクニックの一つです。

ペーシングは、相手との信頼関係を築く上で非常に効果的です。ハーバード・ビジネス・レビューでも「信頼のベースはペーシングが作る」と指摘しており、ビル・クリントン元大統領も得意としていたそうです。

相手のペースに合わせてあいづちを打ち、うなずくことで、相手は「理解されている」「受けとめられている」という感覚を持つことができます。

余計な解釈を加えずに「繰り返す」

そして「繰り返し」ですが、これは相手の話の中のキーワードを繰り返すことを指します。ここで重要なのは、余計な解釈を加えないことです。

例えば、相手が「道で転んで痛かった」と言ったら、

「道で転んで痛かったんですね」

と、そのまま繰り返します。「要するに事故に遭ったということですね」などと解釈を加えるのは避けるべきです。

「あいづち」「うなずき」「繰り返し」を組み合わせる

「あいづち」「うなずき」「繰り返し」の三つの要素を組み合わせることで、相手は自分の話が確かに受けとめられていると実感することができます。

あいづちとうなずきによって「受けとめている」という姿勢を示し、キーワードの繰り返しによって「何を受けとめているのか」を具体的に伝えるのです。

ただし、これらのスキルは決して機械的に行うべきではありません。例えば、仕事で忙しいときに子どもの話を聞きながら「うん、うん」とあいづちを打つだけでは、本当の意味での受けとめにはなりません。相手はすぐに「本当に聞いているの？」と感じ取ってしまうでしょう。

相手の話を受けとめる3つの基本スキル

大切なのは、これらのスキルを日常的に練習し、自然に使えるようになることです。特にあいづちのバリエーションは、意識的に増やしていく必要があります。そうすることで、相手の話を聞くことに意識を集中させながら、適切なあいづちやうなずきができるようになります。

また、相手の感情の状態や話の内容に応じて、これらの要素をどのように組み合わせるかを考えることも重要です。深刻な話題のときは、むしろ、あいづちやうなずきを控えめにし、じっくりと聞く姿勢を示した方がよい場合もあります。

このように「あいづち」「うなずき」「繰り返し」は、単なるコミュニケーションの技法ではなく、相手への真摯な関心と受容の態度を示すための重要な手段なのです。これらを適切に活用することで、より深い対話と相互理解が可能となり、チームの一体感を高めることができます。

パンチにキスする技術

議論をしていく中では、批判や否定的な意見を受けることもあります。そのようなときは、具体的にどのように対応すればよいのでしょうか。

そのヒントが**「パンチにキスをする」**という考え方です。

批判という形で繰り出されたパンチを避けたり、反撃したりするのではなく、むしろ積極的に受けとめ、そこに新たな価値を見出していく方法です。

いったん受けとめることで激変した会議の事例

実例を見てみましょう。

私がかつて勤めていた大手企業では、関係会社の社員が集まって会議を開く機会があり、しばしば本社に対する厳しい批判や要求が投げかけられていました。

当初、本社側の担当者は一つひとつの批判に対して説明や言い訳を繰り返していましたが、そうすると会議の雰囲気は次第に悪化していきました。会議に参加する社員たちは本社に対してさらに批判的になり、そのたびに本社側は防戦一方となり、建設的な議論にはなりませんでした。

そこで、新たに会議のファシリテーター役になった私が試みたのが「Ｙｅｓ ａｎｄ」のアプローチです。

具体的には、批判や要求に対して、まずその意見の背景にある意図や価値を見出し、受けとめます。

「こういう意味があって、だとしたらこれはすごく考える意味がありますね」

そして「これもこんなふうに考える必要がありますね」と、さらに広い視点からコメントを加えていきます。解決したり回答したりするわけではありません。

このアプローチを実践した結果、驚くべき変化が起きました。

それまでは本社への批判一辺倒だった会議の雰囲気が、徐々に協力的なものへと変わっていったのです。参加者たちは、課題が解決したわけでもないのに、「こうした方がいいんじゃない」「ああした方がいいだろう」と、自ら解決策を提案し始めました。

それまでにない光景だったため、本社側の関係者は「中島さんは魔法を使ったのではないか」と驚いていたほどです。

家庭内の対立も「パンチにキスする」で解決できる

このような「パンチにキスをする」アプローチは、家庭生活でも同様に効果を発揮します。

例えば、夫婦間で「パートナーが休日に家事をしない」という問題があるとします。「あなたは何もしてくれない!」というパンチに対して、**「そうか、家族との時間を大切にしたいという気持ちがあるんだね」**と受けとめ、**「効率的な家事の方法を考えて**

みよう」と展開していく。すると、「じゃあ、土曜の午前中だけ二人で集中して家事をして、午後は家族で過ごそう」といった建設的な提案が生まれます。

このように、家庭内での対立や批判も、「パンチにキスをする」という姿勢で受けとめることで、よりよい関係性や解決策を見出すきっかけとなります。

また、仕事でもプライベートでも使える、「パンチにキスをする」の代表的なセリフがあります。

「言いにくいことを言ってくれて、ありがとう」

これは、万能と言ってもよいほどの効果があります。

パンチを繰り出す側の多くの人にとって、その発言には2つの特徴があります。それは、①物事をよりよい方向にしたいと思っていること、②パンチにもエネルギーが必要ということです。そのことに共感し、労う一言を添えるだけで、力んでいた空気がすっと楽になります。

批判の背景には必ず「同じ思い」がある

「パンチ」という批判の背景には必ず**「同じ目標に向かって、よりよくしたい」という思い**があります。批判的な意見を投げかける人も、その組織や状況をよくしたいという思いがあってこそ、意見を述べているのです。

「Yes and」によって、その思いに寄り添い、共に考えていく姿勢を示すことで、対立の構図が協力の構図へと転換されたのです。

このように「パンチにキスをする」とは、批判を単なる否定として捉えるのではなく、そこに込められた建設的な意図を見出し、それを新たな価値創造のきっかけとして活用する技術なのです。

ただし、これは決して簡単なことではありません。批判を受けたとき、まず生まれる感情は防衛本能です。その本能を超えて、批判の中に価値を見出すには、相応の練習と心の準備が必要です。

「パンチにキスをする」というと、聞こえは簡単ですが、実際には相当の勇気が必要です。しかし、この方法がうまくいけば、組織全体の雰囲気が大きく変わる可能性を秘めています。それは単なるコミュニケーション術ではなく、組織の文化を変革する力を持っているのです。

質問に対する「Yes and」の応用

「Yes and」は、批判への対応だけでなく、質問に答える場面でも大きな効果を発揮します。質問に対してまずは受けとめ、意味付けをし、そこから新たな価値を付け加えていく……という基本的なアプローチは同じです。

例えば、質問を受けた際は、まずその質問の価値を認めます。

「それは大事な質問ですね」

「なぜなら、こういう観点から聞いてくださっているからです」

そして「そういうことでしたら、こういうふうなことが私の答えから出てまいりました」と回答を示し、最後に感謝で締めくくります。

「おかげさまでまた新たな気づきを得ました」
「いい質問をありがとうございます」

このように質問に答えることで、質問した本人も「質問してよかった」という体験を得ることができます。さらに、その場に居合わせた他の人々も、質問することの価値を実感できます。その結果、場全体が活性化し、より多くの質問が生まれやすい環境が整っていきます。

「賢い答え」や「完璧《かんぺき》な回答」は建設的な対話を妨げる

ここで重要なのは、私たちは往々にして、質問に対して「賢い答え」や「完璧な回答」をしなければならないと思い込んでしまうことです。そのような思い込みは、かえって建設的な対話を妨げることになります。

代わりに必要なのは、**相手の共感承認欲求に応えること**です。質問をする人は、多くの場合、自分の考えを理解してもらいたい、認めてもらいたいという気持ちを持っています。その気持ちに応えることで、より深い対話が可能になります。

例えば、技術的な質問に対しても、単に正確な情報を伝えるだけでなく、

「その部分に注目されたのは素晴らしい視点ですね」

と、相手の質問自体の価値を認めることで、より建設的な対話が生まれます。質問者は自分の疑問が受け入れられ、大切にされていると感じることができるのです。

質問に答える際は、相手のペースに合わせることも重要です。質問の背景にある思いや文脈を理解しようとする姿勢があってこそ、適切な応答が可能になります。時には質問の意図を確認することも必要です。

「そのご質問は、こういった観点からのものでしょうか？」

こうした「確認」を通じて、より正確な理解と応答が可能になります。
もし余裕があれば、質問に答える前に「質問ありがとうございます」を加えるとさらに効果的です。

子どもの質問に対する「Yes and」の応答

このような「Yes and」による質問への応答は、家庭での対話においても非常に効果的です。

例えば、小学生の子どもから「なんで宿題をしなきゃいけないの?」という質問を受けた場合を考えてみましょう。多くの親は「宿題をやるのは当たり前」「学校から言われたことはちゃんとやりなさい」と一方的に諭してしまいがちです。

しかし、「Yes and」のアプローチを使うと、こんな対話が生まれます。

「とてもいい質問だ。宿題の意味について深く考えているね」（質問の価値を認める）
「宿題には、その日習ったことを自分のものにする大切な役割がある」（回答を示す）

「その質問のおかげで、親としても宿題の本当の意味について考えることができた。ありがとう」（新たな気づきと感謝）

このように、家庭での何気ない質問も「Ｙｅｓ ａｎｄ」のアプローチで応答することで、より深い対話と相互理解のきっかけとなります。質問者の好奇心や思いを大切にすることで、家族間のコミュニケーションがより豊かなものとなっていくのです。

このように質問への応答も、結局は相手への関心と理解が基本となります。質問を単なる情報の要求としてではなく、対話の機会として捉え、そこから新しい価値を生み出していく。それが「Ｙｅｓ ａｎｄ」による質問への建設的な応答なのです。

ただし、全ての質問に対して同じように応答する必要はありません。

例えば、緊急を要する質問や、即座の判断が必要な質問の場合は、まずその要件に応えることを優先すべきです。その上で、余裕があれば質問の価値を認める言葉を添えるというように、状況に応じた柔軟な対応が求められます。

ピンチを「Yes」でいったん受けとめてチャンスに変える

ビジネスの現場でも、私生活でも、思いがけないトラブルや困難な状況に直面することは避けられません。私たちはそのような状況を「ピンチ」と呼び、何とかして切り抜けようと必死になります。しかし、そのような状況こそ、「Ｙｅｓ ａｎｄ」の考え方が最も効果を発揮する機会です。

それでは、具体的にどのようにしてピンチをチャンスに変えることができるのか、クレーム対応での活用法や「ちょうどよかった」という言葉の効果、そしてリーダーシップとしての態度の示し方について、順を追って見ていきましょう。

これらの実践を通じて、困難な状況を価値創造の機会へと転換する具体的な方法が見えてくるはずです。

クレーム対応における「Yes and」の活用は要注意

クレーム対応において「Yes and」を活用する際は、特に慎重な判断が必要です。なぜなら、クレームには往々にして緊急性や切実さが伴うからです。

例えば、ホテルで「水が止まらない」という宿泊客のクレームに対して「素晴らしいご指摘、ありがとうございます」と応答するのは明らかに不適切です。「客をバカにしているのか?」と怒鳴られかねません。

このような緊急事態や非常事態の場合、まず必要なのは状況の改善であり、「Yes and」的な対応は、その後の段階で考慮すべきものです。

また、クレーム対応では、状況によっては即対応せずに安易に受けとめるのは危険です。そのような軽い受けとめ方は、かえって状況を悪化させる可能性があります。むしろ、まずは相手の不満や怒りの感情に真摯に向き合い、十分な時間をかけて話を聴くことが重要です。

つまり、クレーム対応における「Ｙｅｓ ａｎｄ」は、以下の順序で実践されるべきです。

【レストランでの食事中に異物混入が見つかった場合】

①まず問題の緊急性を判断する

お客様「おい、料理に髪の毛が入っているぞ！」

（緊急性の判断）

↓即座の対応が必要な状況と判断

②必要に応じて即座の対応を行う

スタッフ「大変申し訳ございません。ただちにお下げさせていただきます。新しい料理を至急ご用意させていただきますが、よろしいでしょうか？」

（具体的なアクション）

・問題の料理を下げる

郵便はがき

料金受取人払郵便

牛込局承認

6117

差出有効期限
令和8年7月
31日まで

162-8790

東京都新宿区揚場町2-18
白宝ビル7F

フォレスト出版株式会社
愛読者カード係

フリガナ お名前	年齢　　　　歳 性別（ 男・女 ）
ご住所　〒 ☎　（　　）　FAX　（　　）	
ご職業	役職
ご勤務先または学校名	
Eメールアドレス メールによる新刊案内をお送り致します。ご希望されない場合は空欄のままで結構です。	

フォレスト出版　愛読者カード

ご購読ありがとうございます。今後の出版物の資料とさせていただきますので、下記の設問にお答えください。ご協力をお願い申し上げます。

●ご購入図書名　「　　　　　　　　　　　　　」

●お買い上げ書店名「　　　　　　　　　　　」書店

●お買い求めの動機は?

1. 著者が好きだから　　2. タイトルが気に入って
3. 装丁がよかったから　　4. 人にすすめられて
5. 新聞・雑誌の広告で(掲載誌誌名　　　　　　)
6. その他(　　　　　　　　　　　　)

●ご購読されている新聞・雑誌・Webサイトは?

(　　　　　　　　　　　　　　　　　)

●よく利用するSNSは?(複数回答可)

☐ Facebook　☐ X(旧Twitter)　☐ LINE　☐ その他(　　　　　　)

●お読みになりたい著者、テーマ等を具体的にお聞かせください。

(　　　　　　　　　　　　　　　　　)

●本書についてのご意見・ご感想をお聞かせください。

●ご意見・ご感想をWebサイト・広告等に掲載させていただいてもよろしいでしょうか?

☐ YES　☐ NO　☐ 匿名であればYES

・新しい料理の準備を厨房に指示
・責任者に報告

③十分に相手の話を聴き、感情を受け止める

スタッフ「せっかくの記念日のお食事の場を大切にしようとしていらっしゃったのに」
お客様「そうなんだよ」
スタッフ「誠に申し訳ございません」
（傾聴のポイント）
・遮らずに最後まで聴く
・言い訳をしない
・共感の言葉を返す

④状況が落ち着いてから、建設的な対話に移行する

スタッフ「このようなことが二度と起こらないよう、調理場の衛生管理を徹底して参ります。本日は記念日とのことでしたので、デザートを特別なものにさせていただき

たいのですが、いかがでしょうか？」

（建設的な対話のポイント）

・再発防止への具体的な言及

・補償の提案

・今後への期待感の共有

このように、クレーム対応においては、「Ｙｅｓ ａｎｄ」を機械的に適用するのではなく、状況に応じた柔軟な使い分けが求められます。

クレームをいったん受けとめる

クレーム対応は、多くの企業で最も神経を使う場面の一つです。しかし、適切な対応ができれば、むしろ顧客との信頼関係を深める絶好の機会となります。

一流ホテルで働く若手社員の経験から、クレーム対応における重要なポイントが見えてきました。多くの場合、クレームを受けると即座に謝罪することが正しい対応だと考えがちです。

しかし、形式的な謝罪は逆効果になることがあります。なぜなら、相手は「逃げようとしている」「謝れば済むと思っている」と感じてしまうからです。

効果的なクレーム対応の第一歩は、相手の緊急性から判断することから始まります。

例えば、水道管のトラブルに対して、

「お困りですね。小さなお子さんがいらっしゃるなら、お風呂にも入れたいですよね」

と、相手の立場に立った発言をすることで、「この人は自分の状況をわかってくれている」という安心感を与えることができます。

クレーム対応は
信頼関係を深めるきっかけになるチャンス

このように相手の気持ちに寄り添うことで、相手も心を開き、共通のゴールに向かって協力する関係性を築くことができます。その上で謝罪の言葉を伝えれば、それは形式的なものではなく、真摯な気持ちが込められたものとして受け止められます。

さらに重要なのは、先を見据えた対応です。例えば宿泊客の場合、**「明日の朝にもこういう対応が必要ですよね」**と、こちらから予測して提案することで、相手の期待を超える対応が可能になります。このような対応ができれば、当初のクレームが、むしろ信頼関係を深めるきっかけとなるのです。

「ちょうどよかった」といったん受けとめる

ピンチに直面したとき、多くの人は問題の解決策を必死で探そうとします。しかし、その前にまず必要なのは、状況に対する捉え方を変えることです。その際に効果を発揮するのが**「ちょうどよかった」**という魔法の言葉です。

あらゆるシーンで万能な「解決社長」の考え方

私は企業研修で「解決社長」というワークを行っています。

これは、どんな困難な状況に対しても「それはちょうどよかった」と応じる練習です。例えば、ファミリーレストランの店員が「お客様がドリンクバーのドリンクを全部飲み尽くしてしまいました！」と報告してきた場合、店長は次のように対応します。

「それはちょうどよかった！」
「では、この機会に新しいドリンクバーのアイデアを考えよう」
「ドリンクの内容を刷新する、いいきっかけだ」

このように、ピンチをチャンスに転換していくのです。

このアプローチが効果的な理由は、本当に新しいアイデアはそれが必要な状況からしか生まれてこないからです。

この手法は研修でも非常に好評で、ある会社の事業部では「それはちょうどよかった」をルールとして採用することを検討したほどです。「店が火事で全焼しました」という極端な状況でも、「バイトが全員辞めました」という深刻な事態でも、まずは「それはちょうどよかった」といったん受けとめることで、その先の建設的な対話が可能になります。

重要なのは、この「ちょうどよかった」という言葉が、単なる気休めや現実逃避ではないという点です。むしろ、困難な状況に対して、自分がどのような反応を選択するかを意識的に決めるための手法なのです。

望ましい結果を得るためには、まず自分の反応を適切に選択することが重要です。「ちょうどよかった」という言葉は、その選択を支援する効果的なツールとなります。ポジティブな態度を保つことで、アイデアが生まれやすくなり、ネガティブな情報に対しても建設的に対処できるようになります。

これは個人だけでなく、チーム全体にもいい影響を与えます。「ちょうどよかった」と言える上司の下では、部下たちも前向きに課題に取り組むようになり、結果として組織全体の問題解決能力が高まっていくのです。

日々の日常生活においても同様です。

例えば、休日に計画していたピクニックが雨で中止になった場合を考えてみましょう。多くの人は「せっかく準備したのに……」と落ち込んでしまいますが、まず「それはちょうどよかった」と言ってみてください。すると**「ポップコーンを用意して、自宅で映画鑑賞会を楽しもう」「子どもと一緒にお菓子作りに挑戦しよう」**といった新しいアイデアが自然と湧いてきます。

絶対にちょうどよくないときでも、**「ちょうどよかったとしたら？」**とか、**「これをプラスに活かすとしたら？」**と自問自答する癖を付けましょう。例えば、テーブルに水をこぼしてしまったら、「テーブルを綺麗にするのにちょうどよかった」、忙しくて昼食を取り損ねたら、「夕食を美味しく食べるのにちょうどよかった」。

どうですか？

人生がどんどん好転していきますので、試しにやってみてください。

態度で示すリーダーシップ

リーダーの真価が問われるのは、危機的状況に直面したときです。

そのような場面でリーダーに求められるのは、必ずしも即座の解決策ではありません。むしろ、その態度そのものがチームの方向性を大きく左右するのです。

日露戦争時の満州総司令官の大山巌《おおやまいわお》元帥の逸話は、このことを端的に示しています。

沙河《さか》会戦で苦戦となったとき、元帥は「今日もどこかで戦《ゆぐさ》がごわすか（あるんですか?』」とまるで他人事のように振る舞い、周囲の緊張を和らげたと言われています。この一見さりげない態度が、部下たちの心理状態に大きな影響を与えたのです。

私の経験でも同じような場面がありました。

広報部門に所属していたとき、社長会見場の予約ミスをしてしまったのです。重大な危機に直面したときの上司の対応は印象的でした。

普段は厳しい上司でしたが、そのときは「それはめでたい」と声をかけてきたのです。私はまさかそんな祝福の言葉を投げかけられるとは思わなかったので驚きました。

しかし、ピンチの場面だからこそ、怒りや焦りを見せることは逆効果だと判断したのでしょう。その瞬間、上司の目が急に優しくなったことを今でも鮮明に覚えています。そして上司はこう続けました。

「確かに大ピンチだ」

「逆にもっとよい場所を見つけよう。そして、多くのことを学び尽くしてくれ」

この上司の対応には、2つの重要な示唆が含まれています。

1つは、**自分の感情はコントロールできる**ということ。

もう1つは、**その選択が人間性の度量の広さを示す**ということです。この場合、上司は無駄なエネルギーを感情的な反応に費やすのではなく、次の行動に向けて冷静さを保つことを選択したのです。

人間が力を最大限に発揮するのは、2つの状況においてです。

1つは明るく前向きな雰囲気のとき。もう1つは極限まで追い詰められたときです。

リーダーはこの2つの状態をコントロールする立場にあります。時には恐怖を使って部下の力を引き出すこともできますが、それは一時的な効果しかなく、長期的には逆効果です。応用力も育たず、責任感も育ちません。

一方、希望を与えるリーダーシップの下では、メンバーは自然と工夫するようになり、積極的にチャレンジするようになります。

「見通しは明るい。私はみなさんを本気で信じています」というメッセージを送ることで、相手は「ピンチがあるほど成長できる」という期待感が生まれ、チーム全体が前向きな方向に向かっていくのです。

このように、リーダーの役割は問題解決策を提示することだけではありません。その態度自体が、チームの可能性を広げる重要な要素となるのです。態度を選択すること、それこそがリーダーシップの本質的な要素の1つと言えるでしょう。

いったん受けとめる問いかけ方

——「理由」は問わずに「背景」を問う

効果的な「Ｙｅｓ」を実践するためには、**相手に対する問いかけ方**が極めて重要です。なぜなら、私たちの何気ない質問の仕方が、時として相手の心を閉ざしてしまう原因となることがあるからです。

「なぜ？」という問いかけは、相手の心を閉ざす質問の代表例です。

この言葉は一見、物事の本質を探ろうとする真摯な態度のように見えますが、なぜか責められているような気になり、実際には相手を追い詰め、防衛的にさせてしまう効果があります。

例えば、子どもが「学校に行きたくない」と言ったとき、多くの親は「なぜ？」と問いかけがちです。しかし、この「なぜ？」という問いは、相手を追い詰め、防衛的にさせてしまう危険性をはらんでいます。

代わりにこう聞いてみてはいかがでしょう？

「何があったの？」

つまり、「WHY」ではなく「WHAT」で聞いてみるのです。

私の友人の女性は、彼女の小学生の息子が「もう学校に行きたくない！」と言い出した時、「学校に行きたくないんだね。それだけ学校のことをよく考えているってことだと思う」と息子の気持ちを受けとめ、「どんな学校だったら楽しいと思う？」と新しい視点を加えてみました。すると息子は、徐々に自分の理想の学校生活について語り始め、そこから「じゃあ、明日からこうしてみようかな」という前向きな提案が生まれたそうです。

相手は「なぜ」と問われることで、自分の行動や考えを正当化しなければならないという圧力を感じ、本音を語ることができなくなってしまいます。

仕事の場面でも「なぜその方法を選んだのですか？」と問われると、多くの人は自分の選択を正当化しなければならないというプレッシャーを感じます。その結果、本当の理由や背景について率直に語ることができなくなってしまいます。

代わりに効果的なのが、その行動の背景を問う次のような問いかけです。

「何があったからそう判断したのか？」
「何を大切にしているからそう思ったのか？」

これらの質問は、相手の意思決定プロセスや価値観に関心を持っていることを示し、より本音の対話を引き出すことができます。

対立的な構図を生みやすい「なぜ？」の問い

「理由」を問うのと「背景」を問うのでは、相手の反応が大きく異なります。

理由を問われると、人は言い訳をしようとする傾向があります。それは自分を守るための本能的な反応であり、結果として対立的な構図を生みやすくなります。「どうして？」「なぜ？」と問い詰められると、まるで裁判のような雰囲気になってしまうのです。

一方、背景を問う質問、たとえば**「何があったの？」**と聞かれると、人はストーリーを語り始めます。

実際の例を挙げてみましょう。

部下「僕は営業成績を求めません」
上司（あなた）「なぜそんなことを言うの？」→×

部下「僕は営業成績を求めません」
上司（あなた）「売り上げを求めない背景は？」→◯

「なぜ？」と問いただすのではなく、「売り上げを求めない背景は？」と問いかけることで、その真意をより深く理解することができます。

このように背景を聞く姿勢は、相手への深い関心を示すことにもなります。「あなたは大事な仲間だから、私はプロジェクトの成功よりも、あなたのことを理解したいと思っている」というメッセージとなって相手に伝わります。

結局のところ、人は自分の選択や行動を正当化するよう求められると、防衛的になってしまいます。しかし、その背景にある思いや価値観に関心を持たれると、心を開いて話をしてくれるようになるのです。

相手のストーリーに耳を傾ける

相手のストーリーに耳を傾けるということは、単に話を聞くという以上の深い意味を持ちます。それは、相手の経験や思いの背景にある文脈を理解しようとする積極的な姿勢です。

この重要性は、東京裁判での興味深いエピソードに表れています。アメリカ人弁護人であるベン・ブルース・ブレイクニーは、独特のアプローチを取りました。

「被告たちの気持ちになってみてください。そのとき彼に他の選択肢が許されたと思いますか？　彼は日本を愛していました。そしてその結果として、ああいう選択をしたのです」

この弁護人の言葉に、東条英機は涙を流したと言われています。「彼らが共通していたのは、日本という国を愛していたことです」という言葉は、単なる弁護術を超えて、人間としての深い理解を示していました。これは、相手の立場に立って想像や分析をすることの重要性を示す例と言えます。

注目すべきは、このブレイクニー弁護人が同時に「A級戦犯が犯罪行為をしたというなら原爆投下も犯罪行為ではないのか」という指摘もしていた点です。

つまり、相手のストーリーに耳を傾けることは、必ずしも全面的な同意や追従を意味するわけではありません。むしろ、相手の立場を理解した上で、より本質的な対話を可能にする基盤となるのです。

このような「相手のストーリーに耳を傾ける」姿勢は、私たちの日常生活でも大きな意味を持ちます。

例えば、ある企業の人事部門で起きた出来事です。育児休暇から復帰した女性社員が、突然「退職を考えています」と申し出てきました。多くの場合、人事担当者は即座に「待遇改善しますよ」「短時間勤務は検討されましたか？」といった提案を始めがちです。

しかし、ベテランの人事マネージャーは異なるアプローチを取りました。

「これまでの仕事の経験について、もう少し詳しく聞かせていただけますか？」

と問いかけ、その社員の入社からの歩み、育休中の思い、そして現在の不安まで、じっくりと耳を傾けたのです。

すると、その社員は徐々に本音を語り始めました。復職後の仕事と育児の両立への不安だけでなく、「せっかく築いたキャリアを諦めたくない」という思いや、「でも、子どもとの時間も大切にしたい」というジレンマ、さらには「周囲に迷惑をかけているのではないか」という罪悪感まで、複雑な感情が明らかになっていきました。

このように相手のストーリーに耳を傾けることで、表面的な「退職希望」という事実の背後にある、より深い文脈が見えてきたのです。その結果、単なる勤務時間の調整だけでなく、「経験を活かせる新しいプロジェクトの立ち上げ」「在宅勤務と出社のハイブリッド型勤務」といった、その社員固有の状況に即した解決策を見出すことができました。

このように、相手のストーリーに耳を傾けるということは、表面的な言葉や事実だけでなく、その背後にある文脈や感情を理解しようとする姿勢です。それは必ずしも相手の主張をそのまま受け入れることではなく、より深い理解に基づいた建設的な対話への第一歩となるのです。

意図と価値観を探る質問術

相手の意図と価値観を探る質問は、真の対話を実現する上で極めて重要です。ホンダの創業者である本田宗一郎は社員に向かって、このように問いかけたといいます。

「君はこのプロジェクトで何を大切にしているんだ？」

この問いは、単に結果や進捗《しんちょく》を確認するのではなく、相手の価値観や意図を理解しようとする深い関心の表れでした。このような問いかけをされると、社員は「この人はプロジェクトの成功以上に自分を理解しようとしてくれているんだ」と感じ、より積極的に対話に参加するようになります。

それは、相手の存在を認め、その人の持つ価値観に真摯な関心を示すことになるからです。

「問題点」を指摘するのではなく、相手の「価値観」を認める

重要なのは、批判や結果だけを求める質問を避けることです。

例えば、会議の場で、

「これはあなたの個人的な意見でしょ？」

「アイデアはいいけど、現実味がないと思わないか？」

といった形で問題点を指摘するような質問は、相手の心を閉ざしてしまいます。

代わりに、

「君はこういった点を大切にしているんだね」

といった形で、まず相手の価値観を認める言葉を使うことが効果的です。

さらに、相手の感情状態にも注意を払う必要があります。最近注目されている「エモーショナルコンテイジョン（感情伝染）」という現象が示すように、感情は人から人へと伝染していきます。そのため、質問をする際の態度や感情も、コミュニケーションの重要な要素となります。


このような「意図と価値観を探る質問」は、家庭生活においても重要です。

例えば、中学生の娘が「もっとおしゃれな服が着たい」と言い出したとき、多くの親は「おしゃれするにはまだ早い」「勉強にもっと集中しなさい」といった否定的な反応を示しがちです。

しかし、ある母親は異なるアプローチを取りました。


「おしゃれな服って、どんなところが素敵だと思うの？」

「そういう服を着ることで、どんな自分になりたいの？」

このように価値観を探る質問をすることで、娘の本当の思いが見えてきました。それは単なる流行への追随ではなく、「自分らしさを表現したい」「友達と楽しく過ごしたい」という、成長期特有の大切な願いだったのです。

また、夫婦間でも同様です。「週末は釣りに行きたい」という夫の提案に対して、「また釣り?」と否定的に問いかけるのではなく、**「釣りの何が特に楽しいの?」「どんな時間を過ごしたいと思っているの?」**と問いかけることで、「自然の中でリフレッシュしたい」「子どもと一緒に新しい体験をしたい」といった、より深い価値観が見えてきます。

このように、日常生活における対話でも、相手の意図や価値観を探る質問を心がけることで、より深い理解と共感が生まれます。

第4章

好循環を生み出す「Yes思考」

「Yes思考」を支える考え方

私たちは往々にして、問題や不足、欠陥、そして管理すべき点に注目してしまう傾向があります。これは**「デフィシット思考（deficit＝赤字・不足・損失・欠損）」**と呼ばれ、人間の注意の実に80％がこのような問題点に向かうと言われています。

この傾向は、長年にわたってあらゆる組織の中に根づいてきました。問題を特定し、原因を分析し、解決策を見出すという、この一連のアプローチがスタンダードとして定着してきたのです。

成果を上げる人・組織はポジティブの比率が高い

しかし、最近の研究では、高い成果を上げている人々は異なるアプローチを取っていることが明らかになっています。それは**「強み可能性探求アプローチ」**と呼ばれるもので、対話の中で強みと可能性にフォーカスして探求していく方法です。

具体的に「強み可能性探求アプローチ」とは、以下の3つの視点で対話を進めていく手法です。

①「ベストな状態」への注目

「今までで最もうまくいったのはどんなときでしたか？」

「そのとき、何が特に効果的だったと思いますか？」

といった質問を通じて、過去の成功体験から学びを引き出す。

②「現在の強み」の発見

「現在のチームの最大の強みは何だと思いますか？」

「どんなときに最もやりがいを感じますか？」

など、現状の中にあるよい要素を意識的に探る。

③「未来の可能性」の展望

「理想的な状態を実現するために、今の強みをどう活かせそうですか？」

「小さな一歩として、明日からできることは何でしょうか？」

というように、具体的な行動につながる対話を心がける。

例えば、営業チームのミーティングで売上が目標に届かなかった場合、従来の問題解決アプローチでは次のように問いかけます。

「なぜ目標を達成できなかったのか？」
「どの商品の売上が特に悪かったか？」
「競合にどれだけ顧客を奪われたか？」

一方、「強み可能性探求アプローチ」では、次のように問題提起します。

「これまでで最も売上が伸びた時期の特徴は何だったか？」

「現在のお客様が特に評価してくれている点は？」
「その強みを活かして、次の四半期でどんなことにチャレンジできそうか？」

このアプローチは、米国ケース・ウエスタン・リザーブ大学のデービッド・クーパーライダー教授とタオス・インスティチュートのダイアナ・ホイットニーらが1987年に提唱した「ＡＩ（Appreciative Inquiry：組織の真価を肯定的な質問によって発見し、可能性を拡張させるプロセス）」の考え方をベースにしています。問題点を探すのではなく、組織や個人の中にある『生命力の源』を見出し、それを育てていくことで、より自然な形での成長を促進することができるという考え方です。

このアプローチは、**ロサダ比率**という指標でも裏付けられており、より建設的な成果につながることが示されています。

ロサダ比率とは、ポジティブな発言とネガティブな発言の比率が「2・9：1」を上回る会社は経営状態が良好で、その比率を下回る会社では悪化していたという研究結果であり（これは家庭でも同様）、これを提唱した心理学者のバーバラ・フレドリクソン博士とマーシャル・ロサダからロサダ比率と呼ばれています。

物事の粗《あら》を見つけることは、実は健全な思考の表れです。

ネガティブな視点を持つことは、むしろ健康な精神の証とも言えます。

しかし、特にリーダーやマネジャーの立場にある人は、常に「ＹＥＳ思考」を持って意識的にポジティブな側面を見出す努力をする必要があります。なぜなら、そうした方が組織は楽になり、生産性も向上するからです。

この「Ｙｅｓ思考」を支える考え方は、いくつかの重要な要素から成り立っています。

まず**「美点凝視」**と呼ばれる、物事の美しい点に意識的にフォーカスする姿勢です。

次に**「リフレーム」**という、視点を変えることで新たな価値を見出す手法があります。

これらの思考法は、単なる楽観主義とは異なります。むしろ、現実を直視しながらも、そこに潜む可能性や価値を見出していく実践的なアプローチです。

以下、それぞれの要素について具体的に見ていきましょう。その過程で、ＹＥＳという態度を支える思考の基盤が明らかになっていくはずです。

美点凝視の実践

「美点凝視」とは、その名の通り、物事の美しい点、価値のある点に意識的にフォーカスする実践です。

前述のように、リーダーやマネジャーの立場にある人は、意識的にポジティブな側面を見出す努力をする必要があります。なぜなら、物事の価値ある部分に注目することは、自然には身につかない技術だからです。

美点を見出すには、意識的な実践と継続的な努力が必要です。

実際のデータでも、ポジティブな側面に着目するアプローチを取る組織の方が、生産性が高いことが示されています。「美点凝視」は、決して現実から目を背けることではありません。むしろ、現実をより多面的に捉え、そこに含まれる価値を最大限に引き出すための実践的な手法なのです。

この「美点凝視」を具体的な場面で見てみましょう。

【ビジネスシーンでの事例】
新入社員が提出した企画書にミスが目立った場合

従来の視点：
× 誤字脱字が多い
× データの分析が浅い
× 提案内容が現実的でない

美点凝視の視点：
○ 独創的な切り口で市場を捉えている
○ 顧客目線で課題を見出している
○ 提案の背景にある情熱が感じられる

このように見ることで、「基本的なスキルは要改善だが、マーケットを見る視点は面白い。この強みを活かしながら、具体的な表現力を磨いていこう」といった建設的な育成方針が見えてきます。

【日常生活での事例】

小学生の子どもの片付けが不完全な場合

従来の視点：

× 本が斜めに置かれている
× おもちゃが分類されていない
× 床に物が散らかっている

美点凝視の視点：

○ 自分から片付けようとする意欲がある
○ 本は本棚に返そうとしている
○ 毎日少しずつ習慣化している

このような見方をすることで、「片付けようとする意欲を認めながら、より効果的な方法を一緒に考えていく」という発展的なアプローチが可能になります。

「美点凝視」の実践で重要なのは、欠点を無視することではなく、むしろ改善点を認識しながらも、そこにある価値や可能性に意識を向けることです。それによって、より建設的な対話や成長を促す環境を作ることができるのです。

リフレームの活用

「リフレーム」とは、文字通り**物事の「枠組み（フレーム）」を変えること**です。

それは、あたかも異なる眼鏡をかけ替えるように、同じ現象や特性を異なる視点から捉え直す手法です。リフレームとは、コミュニケーション心理学（ＮＬＰ）や家族療法で用いられている心理学用語の１つです。

例えば、「がさつ」という特性は、見方を変えれば「おおらか」という長所として捉えることができます。同様に、「おしゃべり」は「饒舌《じょうぜつ》」に、「無口」は「慎重」というように、**視点を変えることで、一見するとネガティブな特性も、ポジティブな価値として再解釈することが可能になります。**

この考え方は、家庭生活における様々な場面でも活用できます。

例えば、洗濯物を床に置きっぱなしにする習慣は、一般的には「だらしない」と否定的に捉えられがちです。しかし、リフレームの視点を用いると、「細かいことにこだわらない寛容な雰囲気を作り出している」という、異なる価値を見出すことができます。

このようなリフレームは、実際の研修の場でも活用されています。

参加者に自分の欠点だと思うことを5つほど書き出してもらい、それを他の参加者にリフレームしてもらうというワークを行うと、多くの気づきが得られます。他者の視点を借りることで、自分では欠点だと思っていた特性が、実は長所として機能する可能性を持っていることに気づくのです。

リフレームと多様な視点の活用は、単なる発想の転換以上の意味を持ちます。それは、物事の本質により深く迫るための手法でもあります。

なぜなら、ある特性が長所にも短所にもなりえるということは、その特性自体に本質的な価値があることを示唆しているからです。他者と関わることで、自分の目で見る以上の情報や視点を得ることができ、それがより深い理解と新たな価値の発見につながるのです。

このように、リフレームと多様な視点の活用は「Ｙｅｓ」の態度を支える重要な思考法となります。それは、否定的に見える状況や特性の中にも、必ず何らかの価値や可能性が潜んでいるという信念に基づいています。この手法を意識的に活用することで、より柔軟で創造的な問題解決が可能になるのです。

いい加減	⇨	細かいことを気にしない
考えが浅い	⇨	行動が素早い
計画性がない	⇨	柔軟に対応できる
集中力がない	⇨	同時に複数のことを考えられる
空気を読めない	⇨	自分の意見が言える
偉そう	⇨	自信がある
プライドが高い	⇨	自信がある
愛想が悪い	⇨	集中力がある
融通が利かない	⇨	計画的である
頑固	⇨	自分の意見がある
諦めが悪い	⇨	粘り強い
飽きっぽい	⇨	興味関心の幅が広い
意見が言えない	⇨	深く考えられる
未熟	⇨	伸びしろがある
優柔不断	⇨	他人の意見も聞くことができる
怒りっぽい	⇨	情熱的
人に厳しい	⇨	責任感が強い
すぐに否定する	⇨	意思が強い
視野が狭い	⇨	1つのことに集中できる
行動に移せない	⇨	深く考えることができる
騒がしい	⇨	周りを活気づけることができる
せっかち	⇨	先読み行動ができる
ネガティブ思考	⇨	さまざまな視点で考えることができる
人見知り	⇨	相手の話を慎重に聞く

リフレーミングの事例

「Yes」がもたらす底知れないパワー

「Yes and」は決して単一的な手法ではありません。

例えば新入社員の頃の思い出に対して「Yes」することもあれば、目の前で起きている行動に「Yes」することもあります。時には、まだ見ぬ未来の可能性に対して「Yes」を向けることもあります。

さまざまな場面で、異なる形で実践できる柔軟な対話手法であり、あらゆる方向に「Yes」することは、想像以上のパワーと影響力があります。

「過去」「行動」「存在」「未来」へのYes

「Yes」には、過去、行動、存在、未来など、多様な対象があります。それぞれの

「Ｙｅｓ」は異なる効果をもたらし、状況に応じて使い分けることで、より豊かなコミュニケーションが可能となります。

特に重要なのは、これらの「Ｙｅｓ」が相互に関連し合っているという点です。

例えば、過去への「Ｙｅｓ」は、その人の存在への「Ｙｅｓ」につながり、それが未来への「Ｙｅｓ」を生み出していきます。つまり、一つの「Ｙｅｓ」が新たな「Ｙｅｓ」を呼び起こし、それが好循環を生み出していくのです。

ここからは、それぞれの「Ｙｅｓ」について具体的に見ていきましょう。実践の多様性を理解することで、より効果的な「Ｙｅｓ ａｎｄ」の活用が可能となるはずです。

「過去へのYes」で関係性を強化する

「過去へのＹｅｓ」とは、単に「昔のことだから仕方ない」と安易に肯定する、つまり諦《あきら》めることではありません。むしろ、過去の出来事や経験を積極的に受けとめ、そこから新しい価値を見出していきます。

飲み会の席で上司との対立を解消した「過去へのYes」

私は会社員時代、飲み会の席で上司と激しく対立したことがあります。お互いに引けなくなり、目の前の対立に勝つことが目的になってしまった状況です。そこで私は一度トイレに立ち、冷静になるための時間を作りました。そして席に戻ると、「ちょっと話を変えていいですか？」と切り出し、こう続けたのです。

「今でこそ私は生意気にやらせていただいていますが、新入社員の頃、何もわからなかった私にいろいろ教えてくれて、感謝しているんです。あのときは本当にありがとうございました」

この一言で、場の空気は一変しました。

上司は「そうだったなぁ、あの頃は君も駆け出しだったもんな」と表情を緩め、「あのときから成長してくれたからこそ、もっといけると思ってるんだ」と、より建設的な対話へと発展していったのです。

お互いのリスペクトを取り戻す「過去へのYes」

この事例が示唆するのは、**「過去へのYes」には感情を鎮める効果がある**ということです。相手との対立が深まったとき、すぐに自分の主張に戻るのではなく、共有している歴史に目を向けることで、互いの心を落ち着かせることができます。

「過去へのＹｅｓ」は、お互いのリスペクトを取り戻す効果もあります。

この例では、育ててもらった経験を認めることで、「育ての恩人」としての上司の存在を再確認することができました。これにより、単なる上下関係ではない、より深い信頼関係を築くきっかけとなったのです。

特に注目すべきは、この手法が単なるテクニックではないという点です。過去に対して真摯に感謝の念を持ち、それを言葉にすることで、相手は「この人は自分のことを本当に理解してくれている」と感じ取ります。それは表面的な関係修復ではなく、より本質的な絆《きずな》の再構築につながっていくのです。

これは組織における上下関係だけでなく、例えば親子関係など、長い歴史を共有する関係性において特に効果を発揮します。対立が起きたとき、その時々の言動に焦点を当てるのではなく、過去に目を向けることで、より広い文脈で現状を捉えることができるようになります。

「過去へのＹｅｓ」は、必ずしもいい思い出だけを取り上げることを意味しません。時には辛かった経験や困難な時期についても、それを共に乗り越えてきた歴史として受け止めることで、現在の関係をより強固なものにすることができるのです。

例えば、夫婦関係での活用例を見てみましょう。

結婚10年目の夫婦が、家事分担について口論になった場合を考えてみます。妻が「いつも私ばかりが家事をして」と不満を述べ、夫が「仕事で疲れているのに」と反論する、よくある状況です。このとき「過去へのＹｅｓ」を実践します。

「そういえば、子どもが生まれたばかりの頃、私が体調を崩したとき、不器用だけど一生懸命に赤ちゃんのおむつを替えてくれたよね。あのときは本当に助かった」

このような発言により、その場の対立から一歩引いて、二人で乗り越えてきた歴史に目を向けることができます。すると、「そうだった。あの頃は必死だったな」「今だって同じようにがんばれるはずだ」といった具合に、建設的な対話へと発展していくでしょう。

また、思春期の子どもとの関係でも同様です。子どもの帰宅時間を巡って、親子間での対立が起きたときに「過去へのＹｅｓ」を実践するのです。

「小学生の頃、運動会で転んでしまったけど、最後まで走り切ったよね。あのときのことを今でも誇りに思っている。だからこそ、今のあなたを信頼しているし、心配もしているんだ」

このように過去の成長の歴史に触れることで、単なる規則の押し付けではなく、信頼関係に基づいた対話が可能になります。過去へのＹｅｓは、日常生活におけるさまざまな対立場面で、関係修復の糸口を見出す有効な手段となります。重要なのは、その言葉が形式的なものではなく、真摯な感謝や理解の気持ちから発せられることです。

「行動へのYes」は相手の心を開く

「行動へのＹｅｓ」とは、人々の具体的な行為やふるまいに対して、その意図や価値を積極的に見出し、受けとめていく姿勢を指します。特に重要なのは、一見否定的に見える行動の中にも、何らかの建設的な意味が隠されているという理解です。

不登校の息子を一瞬で変えたひと言

よい例が、学校での不登校の生徒への対応です。ある母親は、不登校の息子に対して「何とかしなければ」と焦り、さまざまな手を尽くしていました。しかし、状況は改善されず、むしろ悪化の一途をたどっていました。

転機となったのは、母親が息子の「学校に行かない」という行動そのものを受けとめた瞬間でした。

「辛いよね、どうしていいかわからないよね」

このように息子の行動の背景にある感情に寄り添ったとき、息子ははじめて「僕も辛いんだ」と本音を語り始めたのです。

この事例が示唆するのは、**「行動へのＹｅｓ」には相手の心を開く力がある**ということです。行動を否定するのではなく、その行動の背景にある思いに目を向けることで、より深い対話が可能になります。そして、そこから新しい可能性が開かれていくのです。

特に注目すべきは、母親自身の行動に対する「Ｙｅｓ」の重要性です。母親は自分の「泣いてしまう」という行動も受け入れました。それは弱さの表れではなく、むしろ息子への深い愛情の表現だったのです。このように、自分の行動に対する「Ｙｅｓ」も、相手との関係性を変える重要な要素となります。

行動の背後にある「意図」や「価値」を読み取る

同様の例は、職場でも見られます。

例えば、「なかなか報告をしない部下」の行動に対して、単に「報告が遅い」と否定するのではなく、**「よりよい結果を出そうとしている」**という建設的な意図を見出すことが肝心です。

このような場合の具体的な声掛けとしては、次のような言葉が考えられます。

「じっくり確認して報告しようとしているね。その姿勢はとても大切。ただ、途中経過を共有することで、私からもサポートができるかもしれない。一緒によりよい結果を目指してがんばろう」

また、「細かく指示を出してしまう上司」の行動も、**「部下を成長させたい」**という思いの表れとして理解することができます。

この場合の上司への建設的な回答としては、こんな感じでどうでしょう。

「細かいところまで気にかけてサポートしてくださり、ありがとうございます。私も成長したいと思っているので、時には自分で考えて進めさせていただき、必要なときに相談させていただくやり方を試させていただけないでしょうか」

このように、お互いの意図を理解し合った上で、よりよい関係性や進め方を提案することで、建設的な対話が生まれやすくなります。

このように「行動へのＹｅｓ」は、表面的な行為だけでなく、その背後にある意図や価値を理解しようとする深い洞察を必要とします。それは時として、自分の価値観や固定観念を超えて、相手の立場に立って考えることが求められるのです。

しかし、これらは決して「何でもあり」を意味するわけではありません。むしろ、行動の背景にある建設的な意図を見出し、それを活かしながら、よりよい方向へと導いていくための第一歩なのです。

「存在へのYes」は人の心を動かす

「存在へのYes」とは、人々の行動や結果だけでなく、その人自身の存在を丸ごと受けとめる姿勢を指します。

これは「上善水《じょうぜん》の如《ごと》し、上徳谷の如し」という東洋の老子思想とも通じる概念です。水が器の形に従って形を変えるように柔軟に対応しながら、谷が全ての命を受け入れるように、あらゆる存在を受容する態度です。

無条件に存在を受けとめる行為が持つパワー

江戸時代の良寛《りょうかん》さんの逸話をご存じでしょうか。

良寛さんはある日、やさぐれた12歳の少年を立て直してほしいと、お金持ちの町人から依頼されました。

食事の席に呼ばれた少年は説教されるものと覚悟して正座をしていましたが、良寛さんは何も言わずに食事をし、帰り際になってはじめて行動を起こしました。

少年が足元に草履《ぞうり》を出すと、良寛さんはその場に座り込み、少年の手を握り、じっと目を見ながら涙を流して**「君はいい子なんだ」**と言って立ち去ったのです。

この一言で、少年は立ち直ることができました。


この逸話が示唆するのは、**「存在へのＹｅｓ」には人の心を動かす力がある**ということです。良寛さんは少年の問題行動を指摘するのではなく、その存在自体を認め、受けとめました。そこには特別な説教も、具体的な指導も必要ありませんでした。ただ存在を認めるという行為だけで、少年の心は大きく動いたのです。

ここで重要なのは、**「存在へのＹｅｓ」は特別な理由や根拠を必要としない**という点です。例えば「君は成績がいいからいい子だ」とか「君は素直だからいい子だ」といった条件付きの承認ではありません。その人がそこにいること自体を無条件に認め、受け入れるのです。

現代の企業でも、この考え方は重要性を増しています。

成果主義の時代には、数字や実績による評価が重視されがちでした。

しかし、そのような評価だけでは、人々の真の力を引き出すことはできません。部下や同僚の存在自体を認め、受け入れることで、はじめて創造的な対話や協力が生まれるのです。

「頼りにしています」「あなたがいてくれるおかげで、チームの雰囲気がいい」「いつも助かっている」のひと言は、心の中に本当にあるならば、言い続けることはとても大切です。

「あなた」という存在に「Yes」を送る

ビジネスの現場でも、「存在へのYes」が大きな効果を発揮することがあります。ある製造業の工場長の事例がそれを示しています。

その工場では、ミスを繰り返す若手作業員がいました。上司たちは厳しく指導を重ねましたが、かえって萎縮してしまい、ミスは減るどころか増えていく一方でした。

工場長は別のアプローチを試みることにしました。

ある朝、その作業員を呼び、

「君のような几帳面な性格の人は、実は品質管理に向いているんだ」

と伝えました。作業員は驚いた様子でしたが、工場長は続けます。

「確かにミスは多いけど、それは君が細かいところまでしっかり見ているからこそ。その特性を活かせば、君にしかできない仕事ができるはずだ」

この一言をきっかけに、作業員は品質管理の勉強を始め、半年後には工場の品質管理の中心メンバーとして活躍するようになりました。

また、家庭における子育ての場面でも、「存在へのＹｅｓ」は大きな力を発揮します。ある母親の例を見てみましょう。

中学生の娘が反抗期を迎え、口数が減り、成績も下がり始めていました。母親は娘の変化に不安を感じながらも、あえて普段と変わらない態度で接することにしました。そして、夕食の準備をしていた際、何気なく、こう伝えました。

「あなたがいるだけで、この家は明るくなるのよ」

その言葉を聞いた娘は、その場では何も言いませんでしたが、翌日から少しずつ変化が表れ始めました。自分から手伝いを申し出たり、学校での出来事を話したりするようになったのです。

「存在へのＹｅｓ」は、単なる受容以上の意味を持ちます。それは相手の存在を丸ごと受けとめ、その価値を認めることで、より深い信頼関係を築いていく基盤となるのです。

主体的な行動を促す「未来へのYes」

「未来へのＹｅｓ」とは、まだ見ぬ可能性に対して前向きな姿勢で臨み、その実現に向けて共に歩んでいこうとする態度を指します。根底には、相手の未来の可能性を心から信じることが求められます。これは単なる楽観主義とは異なり、現実を直視しながらも、そこに潜む希望や可能性を見出していく実践的なアプローチです。

典型的な例が、１ｏｎ１での部下との対話です。

部下が何か新しい提案をしてきたとき、多くの上司は自分の経験則から**「なるほど。でも、それは難しいんじゃないか」**と否定的な反応をしがちです。

しかし、「未来へのＹｅｓ」の姿勢では、まずその提案の中にある可能性を見出し、**「この提案には○○まで伸びる可能性がある。だとしたら、発想を変えて、こういう**

方法もあるかもしれない」と提案を重ねていきます。

このアプローチの特徴は、一方的な主張や押し付けを避け、部下が主体的に選択できる環境を作り出すことです。

上司が「こうしなさい」と指示するのではなく、できるだけフラットな関係でブレインストーミングのようにアイデアを出し合い、その中から部下自身が選択できるようにします。これにより、部下は自己決定感を持つことができ、より高いモチベーションで取り組むことが可能になります。

プロサッカー選手を目指す息子へ示す「未来へのYes」

「未来へのYes」は親子関係においても重要な意味を持ちます。

ある父親の事例を見てみましょう。

中学2年生の息子が突然「プロのサッカー選手になりたい」と言い出しました。多くの親なら「現実的ではない」と否定してしまいそうですが、この父親は異なるアプローチを取りました。

「それはすごくいい目標だね。プロになるためには何が必要だと思う？」

こう問いかけたのです。息子は少し考えて「毎日の練習と、よい指導者」と答えました。父親はさらに「そうだね。では、まず週末にサッカー教室を見学してみようか」と具体的な一歩を提案しました。

この会話で重要なのは、父親が息子の夢を否定せず、かといって無条件に「応援するよ」と言うだけでもなく、実現に向けた具体的な道筋を一緒に考えようとした点です。その結果、息子は自分で考え、行動を起こすようになりました。

たとえ将来プロのサッカー選手になれなくても、目標に向かって努力する経験そのものが、息子の人生にとって大きな価値を持つ――父親はそう考えていたのです。

「自己肯定感」と「自己決定感」

ここで重要なのは、**「自己肯定感」**と**「自己決定感」**という2つの要素です。

未来へのＹｅｓ、相手の考えを否定せずに受けとめることで自己肯定感を高め、選択の余地を残すことで自己決定感を育みます。

これらは、**人が主体的に行動を起こすための重要な心理的基盤**となります。

実際の職場では、上司が「こうやればいいじゃないか」と指示すると、部下は単なる「やらされ感」しか感じません。場合によると、「信頼されていない」というメッセージが届いてしまうリスクもあります。

一方、少し時間をかけても「こういう方法もあるよね」と提案していく方法では、部下は自分で決めたという実感を持つことができます。同じ結論に至るとしても、そのプロセスの違いによって、モチベーションは大きく変わってくるのです。

さらに、「未来へのＹｅｓ」は、**メンバー間の信頼関係**も深めます。

例えば、複数の部下がいる場合、「君たちを信じているよ」というメッセージは単なる期待の表明ではなく、メンバーの将来にビジョンを持ち、メンバーの潜在能力を信じ、その開花を待つ姿勢の表れです。

第5章

「Yes and」の注意点と練習方法

未来型対話の可能性

「Yes and」を実践する際の注意点

「Yes and」の実践は、一見シンプルに見えて意外な落とし穴が潜んでいます。3000人規模の対話集会や、延べ3万人以上の研修を通じて見えてきたのは、形だけの実践では真の効果は得られないという事実です。

つまり、**「スキル」「あり方」「関係性」の3つ**が揃《そろ》っていなければならないということです。これを私は「三位一体」と呼んでいます。表面的なテクニックだけでは、むしろ相手との信頼関係を損なう結果となりかねません。また、時間の経過とともに形骸化《けいがいか》してしまう危険性も存在します。

「スキル」「あり方」「関係性」とは？

例えば、コーチング研修を受けて、そのスキルを完璧に使ってもうまくいかない場合、それは、その人の「よからぬ内心」（＝あり方）が相手にバレてしまったか、「相当に嫌われていたか」（＝関係性）というケースがあります。

それほど、この3つの掛け算は密接につながっています。

特に「あり方」を考える上で私が最近注目しているのが、デューク大学のマーク・レアリー教授が2017年に提唱した**「知的謙虚さ（intellectual humility）」**の考え方です。その要素は、次の6つです。

①自分の信念は間違いあり
②自分の意見や立場、視点を疑う
③新たな事実で自分の意見を再考
④自分とは異なる意見に価値あり
⑤自分の真実とは異なる発見が好き
⑥自分の考えと矛盾する事実で意見を変える

この6つを意識して内心を作っておくことが、スキルを効果的に活かす道であろうと思います。

「Yes and」の実践で陥りがちな問題

さらに私たちの研修では、主に次の4つの注意点が浮かび上がってきました。

①「わざとらしさ」という罠《わな》
②「ごますり」に陥る危険性
③継続的な実践における「苦しさ」の問題
④時間の経過に伴う「形骸化」の課題

これらの課題は、「Yes and」を実践する上で、誰もが直面する可能性のある重要な問題です。以下、それぞれの課題について具体的に見ていきましょう。その過程で、これらの課題を乗り越えるための具体的な方法も明らかになっていくはずです。

「わざとらしさ」という罠を避けるには？

「Ｙｅｓ ａｎｄ」の実践でまず気をつけなければならないのが、**「わざとらしさ」**の問題です。これは単にスキルを目的化してしまい、心がこもっていない状態を指します。

例えば、相手の意見を聞いたときに「それいいね」と言葉では肯定しながら、実は全くよいと思っていないケースです。

このような表面的な対応では、内心が露《あら》わになってしまい、かえって相手との関係性を損なう結果となります。重要なのは、何に対して「いいね」と言っているのか、自分の頭の中で整理し、その理由を説明できる状態にすることです。

まずはしっかり、「何がＹＥＳなのか」について明確に意識して心からそう思うこと。これが基本です。例えば、中華料理がいいという意見に対しては、「中華料理は脂っこいようで、実際は健康によい香辛料を結構使っていますよね」というように具体的に意味づけをします。

心から明確に思ったら、次はスキルです。全身、特にお腹から声にすることを練習しましょう。心を作ったら、心を込めた響く言い方を意識するということです。美点凝視の意識はここで大切になります。

「スキル」と「あり方」の両面が必要不可欠

このように、Ｙｅｓ ａｎｄの実践には、「スキル」と「あり方」の両面が不可欠です。「あり方」が伴わない「スキル」は形骸化し、「スキル」を伴わない「あり方」は相手に伝わりません。両者が揃《そろ》ってはじめて、真の意味でのコミュニケーションが成立するのです。

特に大切なのは、相手の意見に対する真摯な関心です。形式的な「いいね」の繰り返しではなく、その意見の背景にある価値や意図を理解しようとする姿勢が重要です。

そのためには、自分の中に余裕を持ち、相手の意見をじっくりと受けとめる心構えが必要となります。

「わざとらしさ」を避けるということは、結局のところ、相手の存在と意見を本当の意味で大切にするということに他なりません。それは単なる「スキル」の問題ではなく、むしろ人としての「あり方」の問題なのです。

「ごますり」に陥る危険性を避けるには？

「Ｙｅｓ ａｎｄ」の実践において、**「ごますり」**は特に注意すべき落とし穴です。ａｎｄの部分に自分の考えを出していないと、本質的な対話は生まれません。研修での実例を見ると、特に「いいですね」「その通りですね」といった同意だけで終わってしまうケースが多く見られます。

例えば、上司が「今年度はもっと顧客満足度を重視すべきだ」と発言したとき、部下が「その通りです。お客様第一で取り組まなければなりませんね」と言うだけで終わってしまうケース。あるいは経営会議で「海外展開を加速すべきだ」という意見に対して、「その意見には大賛成です」と応じるだけのケース。これらは表面的な同意に過ぎず、意見を深める機会を逃してしまいます。

本来は、「顧客満足度を重視するのであれば、現場の社員の満足度向上も同時に取り組むべきではないでしょうか」とか、「海外展開については賛成です。その上で、国内市場でのシェア維持との両立をどう図るか、私なりの案があります」といった具合に、自分の視点を加えていくべきなのです。

ただの表面的な同意は、非言語のレベルで「違いを恐れている」というメッセージを発してしまいます。結果として、チームの創造的な対話が阻害され、新しい価値を生み出す機会を失ってしまうのです。

研修参加者からは「相手の意見に賛成するだけでは、自分の存在価値が感じられない」という声もよく聞かれます。実際、単なる同意では、その場の空気は乾いたものとなり、参加者の間に不自然な雰囲気が生まれてしまいます。

ここで重要なのは、「自分の意思や自分から見えている景色を相手にアサーティブ（ssertive ＝積極的な、自己主張する）に伝える覚悟」です。例えば、「それはこういう意味があってこういう価値がありますね。そして私はこう考えます」というように、受けとめた上で自分の視点を加えていく必要があります。

明るく爽やかに多様な考えを出し合うには、アサーティブを意識するのが大切です。

「あなたの意見にはこういう観点で、こういう意味があるといったん受けとめた」
「そして、私の意見はそれとは異なる観点を持っている」

このように伝えるということです。明るく爽やかに「そして」と続けるがポイントです。ごますりによる迎合でもなく、離反でもない、「ともによいところを目指す」雰囲気で違う意見を検討できるようになります。

継続的な実践における「苦しさ」を避けるには？

「Ｙｅｓ ａｎｄ」の継続的な実践において、「苦しさ」を感じることは自然なことです。特に、頭が固くて結論が動かない人との意見のすり合わせは大きな負担となります。

例えば、自分は「中華料理」を食べたいのに、相手が「イタリアン」と言い出した場合。このような状況で意見をすり合わせていくには、それなりのエネルギーと努力が必要です。

特に偉い立場の人ほど、何も考えずに自分の主張をスッと通した方が楽だと感じがちです。これは**「操作主義」**と呼ばれる傾向で、誰もが持っている本能的な反応です。他人を変えて自分は変えない方が楽だからです。

具体的には以下のような場面で「苦しさ」を感じやすくなります。

◎新規プロジェクトの方向性を決める会議で、ベテラン社員が「これまでの経験上、この方法しかない」と固執する場面

◎予算配分の話し合いで、各部署の責任者が自部署の予算確保に執着して譲らない場面

◎商品開発会議で、営業部門とデザイン部門で優先すべき要素が真っ向から対立する場面

コンフォートゾーン（居心地のいい空間）から動きたくない人、我執や執着の中から動きたくない人にとって、その場面や瞬間は確かに楽に感じられます。

しかし、その先の人間関係や、チームとして何かを成し遂げようとするときに、必ず苦労することになります。だからこそ、後で苦労しないために、最初に少し柔軟性を発揮してみる価値があるのです。

結論が動かない人と話をするのは誰もが苦手です。

そういう組織や集合知からは新しい価値は生まれません。

カリスマ的なトップが常に正しい判断を下せるのであれば、それでも構いませんが、現代のような複雑な時代においては、そのような前提は成り立ちません。

何よりも「自分一人の独唱」より、「仲間とのハーモニー」の方が、どれだけ豊かで幸せな人生になるかを想像して、自分の基本的スタンスを決めてみてください。

人間とは不思議なもので、自分から柔軟になると、相手の柔軟性も引き出せます。

そのことを信じ、希望を感じてやってみましょう。

時間の経過に伴う「形骸化」を避けるには？

「Yes and」の実践において、形骸化を防ぐためには必要なものは何でしょうか。それは、**定期的な振り返り**です。環境は常に変化し、私たち自身も成長を続けているため、少なくとも半期やクォーター単位での確認が必要となります。

ここでいう「形骸化」とは、以下のような状態を指します。

◎会議での発言が「そうですね、その通りです」という表面的な相槌だけ

◎部下の提案に対して「面白いアイデアですね」と言うものの、その後の具体的な議論や行動に繋がらない

◎上司が「みんなの意見を聞きたい」と言っても、実際はすでに結論が決まっており、形式的に意見を求めているだけ

◎朝礼で「今日も頑張りましょう」と声を掛け合うが、その言葉に込められた本来の意味や思いが失われている

形骸化の最大の原因は、目的を見失うことにあります。

手段が目的化すると、「Ｙｅｓ ａｎｄ」の本質的な価値が失われ、表面的な実践に終始してしまいます。これを防ぐためには、「なぜ『Ｙｅｓ ａｎｄ』を実践するのか？」という原点に立ち返る機会を定期的に設ける必要があります。

定期的な振り返りには、**「経験学習サイクル」**の考え方を活用してみてください。

「Ｙｅｓ ａｎｄ」実践が目的化していないか、それが実際にチーム力を向上させたり、成果につながっているか、そもそも何のためにやっているかを定期的に振り返ることが、手段の目的化につながらない秘訣です。

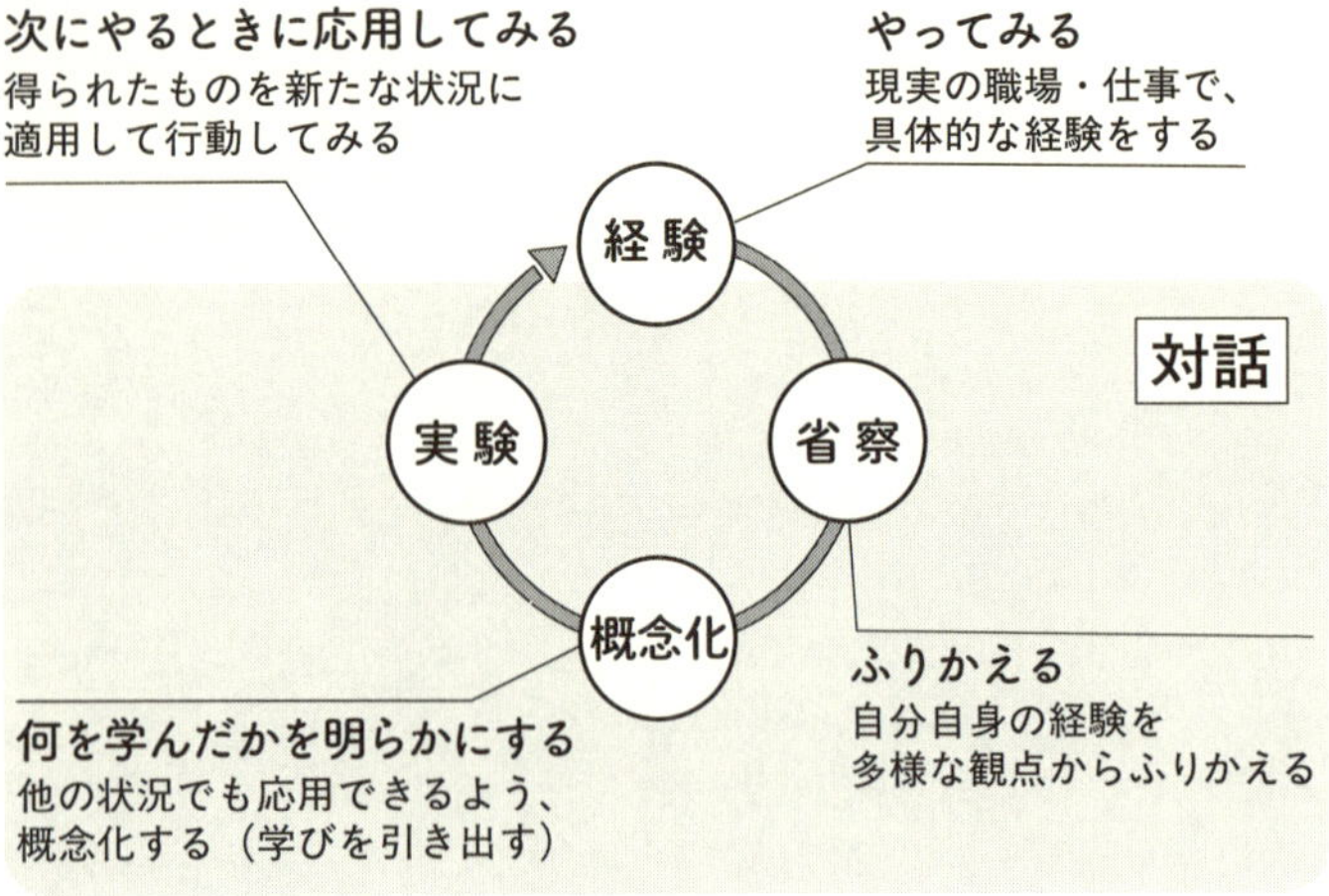

経験学習サイクルでの質問の観点

観点	質問の項目	例
省察 経験を ふりかえる	□出来事 □考え □感情 □印象	「例えばどんなことが？」「詳しく教えて」 「何を思った？」「どういう判断をした？」 「どう感じた？」「どんな気持ちだった？」 「あらためてどんな印象？」
概念化 何を学んだか を明らかにする	□学びの核心 □意味 □本質 □大切なこと	「どんな発見（気づき）があった？」 「あなたにとって、どんな意味があった？」 「今回の本質はどこにあると思う？」 「この体験で大切だと思うことは？」
積極的実験 次にやるときに 応用してみる	□学びの活用 □効果 □影響 □可能性	「体験をどう活かす？」 「活かしたら、どんな効果につながる？」 「この体験は、他のどんなことに、あるいはどんな部門に影響する？」 「次の行動を重ねていくと、その先にどんな可能性が広がる？」

経験学習サイクル

「Yes and」実践のためのエクササイズ

「Yes and」を身につけるためには、意識的な練習と継続的な実践が欠かせません。特に重要なのは**「即興力」**を養うことです。予期せぬ状況でも柔軟に応答できる力は、日々の練習によって確実に身についていきます。

ここでは、「Yes andカード」や写真カードといった具体的なツールを活用した練習方法から、日常生活での実践機会の見つけ方まで、実践的なエクササイズをご紹介します。これらの練習を通じて、「受けとめる力」と「創造的な応答力」を高めていきましょう。

「Yes andカード」を使った練習方法

「Yes and」を実践する最も効果的な方法の一つが、**「Yes andカード」**を使ったトレーニングです。これは、5～6人程度のグループで行うことができ、誰かが投げかけた話題に対して、カードを引きながら即興で意味づけや価値を見出していくゲームのような練習方法です。

【「Yes andカード」の使い方】

①テーマを提案する。

例：「クリスマスパーティのアイデアを検討する」

②Aさんが（カードを引かず）アイデアを出す。

例：「今年のクリスマスパーティはカラオケコンテストをしましょう」

③Bさんが「Yes andカード」を引く。

↓「驚くべきことに」カードを引いたとする。

④それを使って「YES」を提案する。

例：「驚くべきことに、このチームは皆、バラード好きが多いそうです」

⑤「AND」でアイデアを加える。

例：「だとすれば、照明と飾りはできるだけムーディなものにしましょう」

⑥Cさんが新たに「Yes andカード」を引く。

↓「この可能性としては」カードを引いたとする。

⑦それを使ってさらに「YES」を提案する。

例：「（ムーディな照明と飾りでカラオケコンテストをやることで生まれる）可能性としては、一人ひとりの感動的な身の上話が出やすくなる」

⑧「AND」でアイデアを加える。

例：「ならば、しおりを作ってクリスマスパーティの記念にしよう」

↓これを続ける。

重要なのは、この練習では否定的な発言は一切禁止されていることです。

「バーベキューは寒いからやめよう」といったｂｕｔ（否定）の言葉は出てこないルールになっています。もちろん、「河原でのバーベキューは許可が必要かもしれません」といった建設的な指摘は可能ですが、それも決して否定的なトーンにならないよう気をつけます。

「Yes and カード」の使い方

①テーマを提案する。

例：「クリスマスパーティのアイデアを検討する」

②Aさんが（カードを引かず）アイデアを出す。

例：「今年のクリスマスパーティはカラオケコンテストをしましょう」

③Bさんが「Yes and カード」を引く。

→「驚くべきことに」カードを引いたとする。

④それを使って「YES」を提案する。

例：「驚くべきことに、このチームは皆、バラード好きが多いそうです」

⑤「AND」でアイデアを加える。

例：「だとすれば、照明と飾りはできるだけムーディなものにしましょう」

⑥Cさんが新たに「Yes and カード」を引く。

→「この可能性としては」カードを引いたとする。

⑦それを使ってさらに「YES」を提案する。

例：「（ムーディな照明と飾りでカラオケコンテストをやることで生まれる）可能性としては、一人ひとりの感動的な身の上話が出やすくなる」

⑧「AND」でアイデアを加える。

例：「ならば、しおりを作ってクリスマスパーティの記念にしよう」
→これを続ける。

「Yes andカード」を使ったトレーニング

即興力を鍛えることで創造性が生まれる

この練習の効果として特筆すべきは、**「即興力の向上」**です。カードを引いてすぐに反応しなければならない状況は、一見プレッシャーに感じるかもしれません。しかし、実際にやってみると、予想以上に自分の中から言葉が湧いてきます。これは、普段意識していない創造性が引き出される瞬間でもあります。

この練習を重ねることで、接続詞の使い方も自然と身についていきます。「それは面白い視点ですね」「そこから連想されるのは……」といった、相手の意見を受け止めてから自分の意見を付け加えるパターンが、自然と身についていくのです。


「なるほど、そのうえで○○してみてはどうでしょう」

「そのアイデアを発展させると○○になりそうですね」

「そういう考え方があったのですね。それを踏まえて○○」

「確かにその通りです。さらに付け加えると○○」

「面白い発想ですね。それに関連して〇〇」
「その視点は重要ですね。それと同時に〇〇」

練習の場は不思議と明るい雰囲気に包まれ、参加者から笑顔がこぼれる場面も多く見られます。これは、否定されることへの不安から解放され、自由に発想を広げられる場が生まれているからでしょう。

もちろん、この練習を行う際は、参加者同士の心理的安全性が確保されていることが前提となります。そのため、いきなりこの練習から始めるのではなく、まずは傾聴の練習や、場の安全性を確保するためのウォーミングアップを十分に行うことをお勧めします。

このように、「Yes andカード」を使った練習は、単なるコミュニケーションスキルの向上だけでなく、創造性の開発や心理的安全性の構築にも大きく貢献する可能性を秘めています。

写真カードを活用した発想力トレーニング

もう1つ効果的なのが写真カードを使ったトレーニングです。これは30〜40枚のさまざまな写真が印刷されたカードを使用し、**その写真から湧き上がるインスピレーションを言語化していく練習方法**です。

このトレーニングの特徴は、視覚的なイメージから新しい発想を引き出せる点にあります。

例えば、日本の伝統的な朝食の写真を見たとき、ある人は「伝統的な食文化の継承」という価値を見出すかもしれません。また別の人は「健康への配慮」という視点で語るかもしれません。

同じ写真でも、見る人によって異なる価値や意味を見出せることが、この練習の醍《だい》醐《ご》味《み》です。

練習方法はいくつかのバリエーションがあります。

1つは**「未来志向型」**で、半年後の自分の人生をイメージして、そこで撮りたい写真のカードを選び、その理由や背景を語ります。これは単なる目標設定とは異なり、視覚的なイメージを通じて具体的な未来像を描き、それを言語化する練習となります。

もう1つは**「即興型」**で、伏せられたカードの中から1枚を引き、その場でインスピレーションを言語化していきます。

例えば、遊園地で遊ぶ子どもの写真を引いたら「人生における純粋な喜びの大切さ」について語るかもしれません。あるいは、小熊が曲芸をしている写真からは「常識にとらわれない発想の重要性」という価値を見出すかもしれません。

ほかにも、こんなインスピレーションの言語化が想定できます。

◎夕暮れ時の都会のオフィス街の写真から、「一人一人の仕事が社会を動かしている」という気づきを得る
◎雨上がりの虹の写真から、「困難の後には必ず希望がある」というメッセージを感じ取る

◎満員電車の写真から、「異なる目的を持った人々が同じ方向に向かっている」という共生の価値を見出す
◎古い民家の写真から、「時代の変化の中でも変わらない大切なものがある」という洞察を得る

このように、1枚の写真から多様な価値や意味を引き出すことで、物事を多角的に捉える力や、表面的な事象の背後にある本質を見抜く力が養われていきます。また、それを言語化する練習を重ねることで、自分の考えを相手に分かりやすく伝えるスキルも向上していきます。

トレーニングから得られる3つの効果

この練習の効果として、まず**「多様な価値観への気づき」**が挙げられます。同じ写真でも、参加者それぞれが異なる価値や意味を見出すことで、物事には多様な捉え方があることを体感的に学べます。

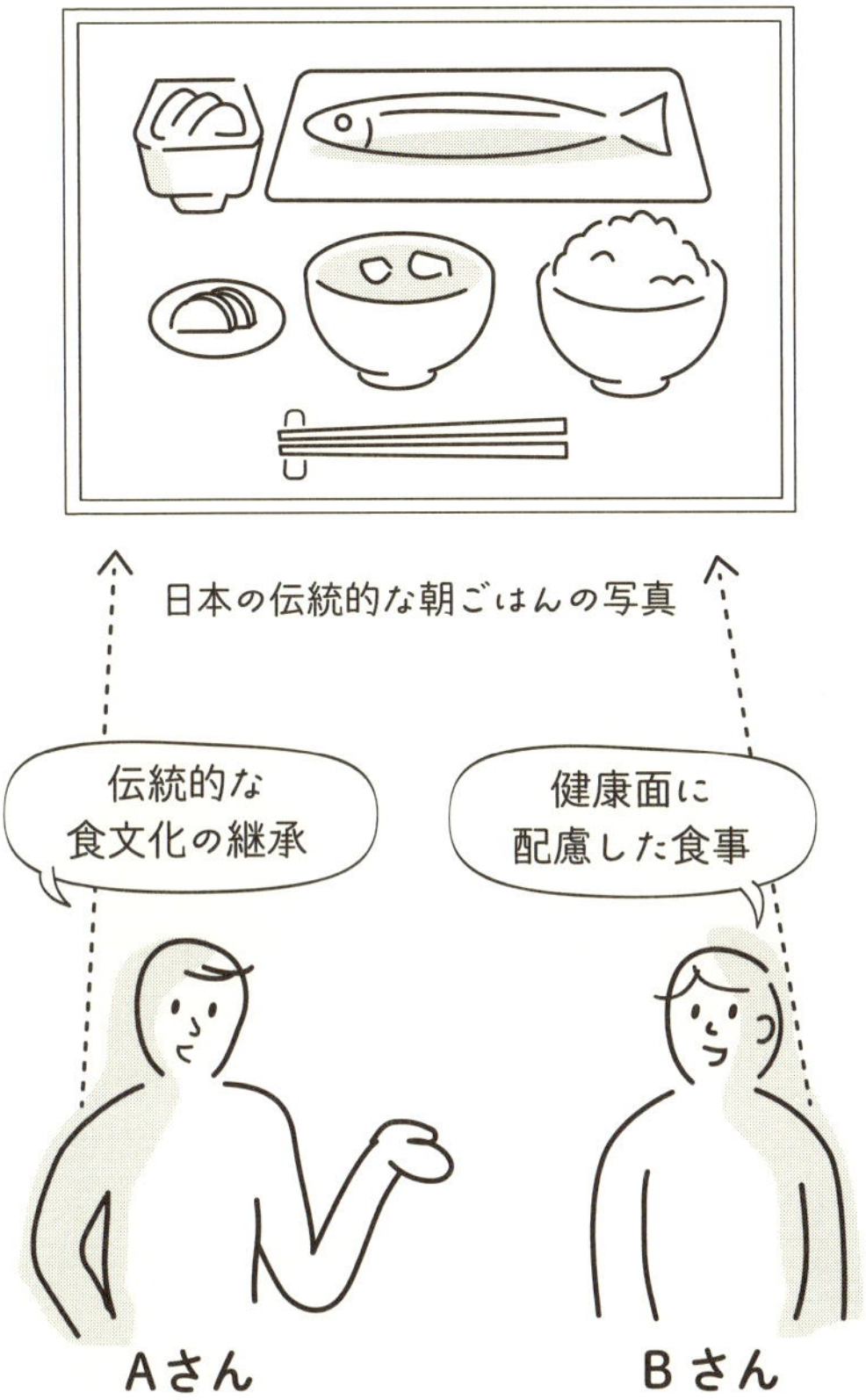

写真カードを活用したトレーニング

また、**「直感力の向上」**も重要な効果です。

写真を見てすぐに何かを語らなければならない状況は、論理的思考だけでなく、直感的な認知能力も必要とします。この能力は、実際のビジネスシーンでも、瞬時の判断や創造的な問題解決が求められる場面で活きてきます。

さらに、**「新しい視点の獲得」**も期待できます。普段は気づかないような視点や価値観に触れることで、自分の思考の枠を広げることができます。これは、「Ｙｅｓ ａｎｄ」の本質である「受容」と「創造」の能力を高めることにもつながります。

練習を行う際は、参加者同士が自由に発想を共有できる雰囲気づくりが重要です。そのため、まずは簡単な問いから始め、徐々に本格的テーマにチャレンジしていくことをお勧めします。

また、出てきた意見に対して「それは違う」という否定は厳禁です。むしろ、異なる視点として積極的に受け止め、そこから対話を発展させていくことが大切です。

日常できるYes andトレーニング

「Yes and」の実践は、特別な場面や機会を待つ必要はありません。むしろ、日常生活の中にこそ、たくさんの実践機会が存在しています。ここでは、具体的な実践機会の見つけ方をご紹介します。

「but（否定）」を避ける練習から始める

まず重要なのは、無理なく始められる場面から選ぶことです。

例えば、家族との何気ない会話や、友人との食事の予定を決めるときなど、比較的リラックスした状況から始めるのがお勧めです。

このとき、必ずしも「and（肯定）」を意識的に付け加える必要はありません。

まずは「ｂｕｔ（否定）」を避けることから始めましょう。

「中華料理に行きたい」という提案に対して、普段なら「でも、脂っこいから」と否定しがちなところを、**「ボリュームのある食事がいいんだね。だったらフレンチはどう？」**と別の提案を投げかけるだけでも、会話の質は大きく変わります。

同様に、以下のような日常的な場面でもＢｕｔを避ける練習ができます。

「今週末、海に行こう」という提案に対して――

×「いいけど、台風が来るみたいだよ」

○「自然は癒されるよね。だったら山の方が天気がよさそうだよ」

「新しい企画を考えてみたんだけど」という発言に対して――

×「いいけど、予算が足りないんじゃないかな」

○「その企画を活かすためにコストを抑えるアイデアを一緒に考えてみようか」

「この服、似合うかな？」という質問に対して――

×「いいけど、ちょっと派手すぎるかも」
〇「落ち着いた色の方がもっと素敵だと思う」

「休日は公園に行きたい」という子どもの要望に対して——

×「いいけど、今日は寒いよ」
〇「体を動かすなら、室内の遊び場なら暖かいよ」

このように、否定的な言葉を使わずに代替案を提示する練習から始めることで、自然と「Ｙｅｓ ａｎｄ」の感覚が身についていきます。重要なのは相手の意見や提案を完全否定せず、建設的な別案を示すことです。

また、１人でできる「Ｂｕｔ」を避ける練習方法があります。

①Ｙｅｓが思いつかないときに、「そして」や「同時に」を使う。例えば、「同時に私は異なる考えを持っています」「そして別の観点も考えられませんか」など。

②自問自答の時にも「Ｂｕｔ」を使わずに「そして」とか「そうだったら」を使う。自分自身の考えも広がったり、前向きになってくる経験ができる。

③「Ｂｕｔ」を言う前に、質問をするようにしてみる。それだけでも、相手の考えが明確になったり、自分の思い込みに気づいたりできる。

日々接するメディアで練習する

日常的なメディアとの接し方を変えてみるのも効果的です。

例えば、テレビの討論番組を見るとき、出演者たちの発言を「Ｙｅｓ ａｎｄ」に置き換えてみる練習ができます。「それは違います」「しかし」という言葉が飛び交う討論を、

「なるほど、その考えを発展させると……」

という形に変換して考えてみるのです。

他にも以下のような場面で練習できます。

ニュース番組でのコメンテーターの発言

×「その政策は非現実的です」

○「その政策の理想を実現するために、まず〜から始めてはどうでしょうか」

SNSでの議論

×「それは間違っています」

○「その視点に加えて、こういう面からも考えられそうです」

スポーツ番組での解説

×「このチームは守備が弱い」

○「攻撃力を活かすために、守備陣の連携を高められると良いですね」

映画やドラマのレビュー

×「このストーリーは陳腐だ」

○「このストーリーの基本設定を活かして、さらにこんな展開も考えられます」

これは単なる思考実験ではなく、多様な意見を建設的に統合していく練習となります。

さらに、職場での実践機会も見逃せません。

例えば、チームメンバーからの提案に対して、すぐに実現可能性を疑うのではなく、**「それはこういう意味がありますね。そこからさらに考えられることとして……」**というように、提案の価値を見出し、発展させていく機会は日常的にあります。

大切なのは、完璧《かんぺき》を求めすぎないことです。時には疲れていて十分な「ａｎｄ」が思いつかないこともあるでしょう。そんなときは、相手の言葉を単に繰り返すだけでも構いません。相手の発言を否定せず、まずは受けとめることを優先するのです。

また、日常生活の中で「これは難しいな」と感じる場面にこそ、貴重な実践機会が潜んでいます。

例えば、以下のような場面で実践してみましょう。

【職場での実践機会】

・自分の企画案が否定された場面
・部署間で予算の配分について意見が対立している場面
・世代間で働き方に対する考え方の違いが表面化した場面
・取引先との価格交渉で折り合いがつかない場面

【家庭での実践機会】

・子どもの進路について意見が合わない場面
・家計の使い方で配偶者と考えが異なる場面
・親の介護方針について兄弟で意見が分かれる場面

・子どもの趣味や習い事の選択で対立が起きる場面

【日常生活での実践機会】

・マンションの住民会議で意見が対立する場面
・友人との旅行の行き先を決める場面
・サークル活動の方針について議論が紛糾する場面
・地域の行事の進め方について意見が分かれる場面

こういった場面では、つい否定的になりがちですが、だからこそ「Ｙｅｓ ａｎｄ」を試してみる価値があります。そこでの小さな成功体験が、より大きな実践への自信となっていきます。

このように、日常生活のあらゆる場面が「Ｙｅｓ ａｎｄ」の実践機会となりえます。重要なのは、それらの機会を「練習の場」として前向きに捉え、少しずつでも実践を積み重ねていく姿勢です。完璧な実践を目指すのではなく、日々の小さな積み重ねが、最終的には大きな変化をもたらすことになるのです。

自己肯定と他者への感謝の習慣化

「Ｙｅｓ ａｎｄ」の実践には、相手の意見や考えを受けとめ、そこに新たな価値を付け加えていく柔軟な姿勢が求められます。しかし、他者を受けとめる前に、まず自分自身を受けとめられていなければ、真の意味での受容は難しくなります。

私たちは往々にして、自分の至らなさや欠点にばかり目が向きやすく、自己否定的な思考に陥りがちです。そのような状態では、他者の意見も否定的に捉えてしまう傾向があります。また、自分への信頼が十分でないと、相手の意見に振り回されたり、逆に必要以上に防衛的になってしまったりすることも少なくありません。

さらに、他者との建設的な対話を生むためには、相手の存在を心から尊重し、その関係性に感謝できる心持ちが不可欠です。なぜなら、感謝の気持ちがあってこそ、相手の意見を「受けとめたい」という自然な意欲が生まれるからです。

そのため、「Ｙｅｓ ａｎｄ」を効果的に実践するための土台として、まずは自己肯定と他者への感謝を習慣化していく必要があります。これは単なる心がけではなく、具体的な実践を通じて培われていくものです。

まず取り組むべきは「自己肯定」の習慣化です。一日の終わりに、自分のよいところを書き出してみましょう。ただし、これは単独で行うのではなく、以下の４つの要素をバランスよく組み合わせることが重要です。

①自己肯定：自分のよいところ、頑張ったところを具体的に見つける
②感謝：周囲の人々や環境への感謝を言葉にする
③未来志向：これからの自分がどうありたいかを描く
④反省：さらなる成長のために改善したい点を考える

特に重要なのが、最初に自己肯定から始めることです。

なぜなら、自分のことを一番よく見ているのは自分自身だからです。

自分の欠点ばかりに目が行きがちな私たちですが、まずは自分のよいところを見出す練習から始めることで、他者のよさにも目が向くようになっていきます。

毎日10個の「ありがとう」を書き出す

感謝の実践においては、毎日10個の「ありがとう」を書き出す習慣が効果的です。

これは一見簡単そうに思えますが、実際に続けてみると意外な発見があります。「今日は特に感謝することがない」と感じる日もあるでしょう。

しかし、そんな日でも意識的に探していくと、当たり前すぎて見落としていた感謝の種がたくさん見つかるはずです。

特に効果的なのは、近しい人への感謝を意識的に実践することです。

例えば、家族に対して50個の「ありがとう」を書き出してみる。あるいは、その人の名前を呼びながら50回「ありがとう」と声に出してみる。近しい人ほど、その存在が当たり前になりがちですが、このような実践を通じて、新たな感謝の気持ちが湧いてくることがあります。

この実践を続けていくと、興味深い変化が起こってきます。それは「自分の心の浄化」とも呼べる現象です。現代人の多くが抱える恨み、つらみ、やらされ感、被害者意識といったネガティブな感情が、徐々に軽くなっていくのです。

なぜなら、感謝の実践を通じて気づくのは、私たちの怒りや不満は、出来事そのものよりも、自分の心の中にあるバイアス（認識のゆがみや偏り）によって作られていることが多いからです。

さらに、この実践は視野の広がりももたらします。

1つの物事だけにフォーカスするのではなく、世界中に存在する「ありがたいこと」に気づく感性が育っていきます。そして、自分が多くの恵みに囲まれて生かされているという実感が、新たな感謝の気持ちを生み出していくのです。

このように、自己肯定と感謝の習慣化は、Ｙｅｓ ａｎｄの土台となる重要な実践です。これは単なる精神論ではなく、具体的な行動を通じて培われる実践的なスキルなのです。

未来を創造するための「未来思考」

人間の脳の最も大切な働きの一つが創造力です。創造力は未来の夢や希望を生み、それが私たちの可能性を広げてきました。人間の歴史は全て私たちの創造力がもたらしたものです。

日々、未来予想図を描く習慣を付けましょう。もし、忙しくて心の余裕が作れない時は、慌てなくて大丈夫です。足元の課題を書き出してみて、それぞれについて「どうなったら私は嬉しいのか」を考えてみてください。その思考習慣こそが未来思考を育みます。

あなたの未来の希望は一人では作れません。仲間が必要でしょう。自ずと、日々の「Yes and」の必要性が実感できるようになってきます。

「内省日記」で振り返る反省思考

古代ギリシャのプラトンが「想起」(アナムネシア)と言う言葉を残しています。日々の多忙な些事にかまけて、本来の使命や生まれてきた意味を忘れがちな私たちにとって、本来のテーマ(使命)を想起することは必要です。そのために、日々を振り返り内省し、自分自身の使命の素である本来の人格を取り戻す必要があるのです。

学校教育でも、企業でも、内省の大切さは見直され始めています。まずは内省日記を付けてみてください。そして、単に感情的に反応してしまったこと、本来の人格で行動できたことなどを峻別してみてください。

日記が難しければ、「その日に気づいたこと」「反省したいこと」「明日はどう生きたいか」の3つをひと言づつでも構いません。自ずと、周囲と共に生きていくことが、あなたの使命を支えていくことを体感できると思います。

そのことが「Ｙｅｓ ａｎｄ」の習慣化につながります。

対話の新しいパラダイム

私たちは長らく、「相手を論破する」ことを重視する対話を当たり前のものとして受け入れてきました。これはいわば**「ギリシャ型」**の討論スタイルです。

しかし、複雑化する現代社会において、新しい対話のパラダイムが求められています。**ネイティブアメリカンの対話**に見られるように、異なる意見をも「神の声」として受け止め、多様な視点から創造的な解決策を見出していく。

そんな「共創的な対話」の可能性に、今、世界が注目し始めています。

ここでは、従来の操作主義的な対話から、共創主義への転換について考えてみましょう。

ネイティブアメリカン型対話の知恵

対話や討議の方法は、その文化や歴史によって大きく異なります。中でも特に注目に値するのが、ネイティブアメリカンの対話の方法です。彼らの対話には、現代社会が見失いかけている重要な知恵が詰まっています。

ネイティブアメリカンの対話の特徴は、全ての意見を「神の声」として受けとめることから始まります。これは単なる寛容さを意味するのではありません。自分の意見も神の声であり、他者の意見も同様に神の声である――この認識により、感情が動じることなく、さまざまな意見を冷静に検討することが可能になるのです。

実際の対話は厳かな儀式として行われます。必ず焚火《たきび》を焚《た》き、その火を絶やさないように「ファイアーキーパー」と呼ばれる役割の人が見守ります。

対話が始まる前には、必ず祈りが捧《ささ》げられます。

その祈りには重要な意味が込められています。

「この場で発言される言葉が創造主の言葉となりますように」
「ここで決まることが7世代後の子どもたちにとって有益なものとなりますように」

――このような祈りによって、個人のエゴを超えた視点が確保されるのです。

彼らの対話の進め方も特徴的です。

誰かが意見を述べると、次の発言者は必ずその意見の意味や価値を認めることから始めます。**「それは、このような意味があり、価値のある意見です。その上で、私は別の視点から意見を述べさせていただきます」**というように、否定から入ることは決してありません。

このような対話の作法は、アカデミー作品賞などを受賞したアメリカ映画『ダンス・ウィズ・ウルブズ』の中でも印象的に描かれています。

部族の将来を左右する重要な決断を迫られた場面で、次々と意見が出されていきますが、それぞれの意見に対して必ず意味づけがなされ、そこから新しい意見が紡ぎ出されていく様子は、まさに現代に必要な対話の原型を示しているといえるでしょう。

重要なのは、この方法が単なる「優しい対話」ではないという点です。むしろ、多様な意見をしっかりと受けとめた上で、よりよい決断を導き出すための、そして、チームの結束力を強めるためには極めて実践的な知恵なのです。

現代社会において、このような対話の方法は、組織の意思決定や問題解決において、新たな可能性を開く鍵となるかもしれません。

複雑化する現代社会において、このネイティブアメリカン型の対話が持つ叡智《えいち》が、改めて注目を集めているのです。相手の意見を神の声として受けとめ、そこから新たな価値を創造していく――この対話の作法は、分断化が進む現代社会において、よりいっそうその重要性を増しているといえるでしょう。

ギリシャ型討論との違いと使い分け

前項で見たネイティブアメリカン型の対話に対して、私たちが長年親しんできたのが**ギリシャ型の問答スタイル**です。このスタイルは古代ギリシャのソフィストたちに端を発し、「論理で相手を圧倒し、自分の主張を通せば勝ち」という考え方を基本としています。

この違いは、現代の討論番組や国会中継に如実に表れています。そこでは多くの場合、相手の意見を論破することに主眼が置かれ、**「それは違います」「しかし」**という言葉が飛び交います。

この方式の利点は、短時間で結論を導き出せることです。相手の主張の論理的な矛盾を指摘し、自分の意見の正当性を主張することで、比較的早く決着をつけることができます。

このスピード重視のトップダウンの意思決定は、特に高度経済成長期には大きな効果を発揮しました。限られたパイを素早く手に入れることが重要だった時代、トップダウンの迅速な判断と実行が企業の競争力を左右したのです。

自動車産業などの製造業において、いかに早く大量生産体制を確立するかが成功の鍵だった時代には、トップダウンの意志決定方法が適していました。

しかし、現代では状況が大きく変化しています。

重要なのは「決めるまでの速さ」ではなく、**「決めた後の実行の速さ」**です。環境の変化が激しい現代において、一度決めたことを柔軟に修正できる体制が必要になっているのです。そのため、多くの企業で中期計画を毎年見直す「ローリング方式」を採用するようになってきました。

ギリシャ型問答とネイティブアメリカン型対話を使い分ける

ここで注目すべきは、ギリシャ型問答とネイティブアメリカン型対話は、必ずしも二者択一の関係にあるわけではないという点です。むしろ、状況に応じて使い分けることが重要になってきています。

例えば、緊急の意思決定が必要な場面や、選択肢が明確に限られている場合には、ギリシャ型の問答スタイルが有効かもしれません。

一方、新規事業の立ち上げや組織改革など、多様な視点からの検討が必要な場面では、ネイティブアメリカン型の対話が力を発揮するでしょう。


今後の組織運営において重要なのは、この二つのスタイルを状況に応じて効果的に使い分ける知恵です。そのためには、それぞれの特徴と限界を理解し、どのような場面でどちらが有効かを見極める目を養う必要があります。

これは単なるコミュニケーションスキルの問題ではなく、組織の意思決定の質を左右する重要な経営課題といえるでしょう。

共創的な対話がもたらす可能性

これまで見てきた対話のスタイルの違いを踏まえ、ここでは新しい可能性として**「共創的な対話」**について考えてみましょう。共創的な対話とは、勝ち負けを超えて、参加者全員で新しい価値を創造していく対話の形です。

この対話形式の特徴は、ＳＤＧｓの理念とも通じる「共存共栄」の考え方にあります。かつての企業間の対話は、市場シェアの奪い合いなど、常に「勝つこと」が目的でした。

しかし今、多くの企業が「お客様と共に未来を作る」という方向へとシフトしています。これは単なるスローガンではなく、組織のあり方そのものの変革を示唆しています。

共創的な対話がもたらす最も重要な効果の一つは、「コンセンサスの質」の向上です。例えば、全員が「私の意見は理解され、納得された」と感じ、「私も皆の意見を理解・納得した」という状態を作り出すことができます。

そして、最終的な決定が自分の当初の意見と完全に一致していなくても、その決定を100%支持できる――このような深いレベルでの合意が可能になるのです。

このプロセスには確かに時間がかかります。しかし、一度このような合意が形成されると、その後の実行のスピードは格段に上がります。なぜなら、全員が自分事として決定を受け止め、主体的に行動するようになるからです。

共創的な対話が生む二者択一ではない解決策

共創的な対話のもう1つの重要な特徴は、「創造的な問題解決」を可能にすることです。意見が異なる場合でも、それを対立として捉えるのではなく、組織にとって新しい何かを生み出すチャンスとして捉えます。単なる折衷案（どちらの意見も半分しか採用されない）ではなく、両者の意見を超えた新しい解決策を見出していくのです。

この対話形式は、特にリモートワークが一般化した現代において、よりいっそうその重要性を増しています。物理的な距離が離れることで心理的な距離も開きやすい環境だからこそ、共創的な対話を通じて「同じ方向を目指している」という一体感を作り出すことが重要になってきています。


さらに、共創的な対話は組織の多様性を活かす鍵にもなります。

例えば、無口な人や内向的な人の中にこそ、誰も気づいていない革新的なアイデアが眠っていることがあります。そういった「周辺に追いやられがちな存在」の中に、イノベーションの種が潜んでいる可能性があるのです。

全員が対等な立場で意見を出し合える環境を作ることで、組織の潜在能力を最大限に引き出すことができます。

つまり、共創的な対話は単なるコミュニケーション手法の１つではありません。それは組織のあり方そのものを変革し、新しい価値を生み出していく可能性を秘めているのです。

「操作主義」から「共創主義」への転換

前項で見てきた共創的な対話の実現のためには、私たちの意識の根本的な転換が必要です。それは「操作主義」から「共創主義」への転換といえるでしょう。

人間関係を硬直化させる「操作主義」

「操作主義」とは、**他者を変えようとする一方で、自分は変わらないという姿勢**です。この態度は一見、楽に見えます。相手に合わせて自分が変化する必要がないからです。特に管理職や経営者の立場にある人々は、自分の意見を押し通すことで、これまで成功を収めてきた経験を持っているかもしれません。

しかし、この操作主義的な態度では、後々必ず問題が生じてきます。

人間関係が硬直化し、チームとして何かを成し遂げようとするときに大きな障壁となるのです。

これは、勝海舟が西郷隆盛を評して述べた言葉からも学ぶことができます。

「西郷といふ奴は、わからぬ奴だ。少し叩けば少しく響き、大きく叩けば大きく響く」江藤淳・松浦玲編『勝海舟 氷川清話《ひかわせいわ》』より

この言葉は、相手に応じて柔軟に自己を変容させることの重要性を示唆しています。

実際、西郷は学識のある人と対話するときは高度な議論を交わし、一方で庶民と語り合うときは下世話な冗談も交えて話したといいます。

これは単なる処世術ではなく、相手の立場に立って真摯に向き合う姿勢の表れでした。このような柔軟性こそ、西郷が多くの人々から信頼を集めた理由の1つだったのです。

今日の複雑な社会において、一人の指導者が全ての正解を持っているということはありえません。むしろ必要なのは、メンバー全員の知恵を結集させ、共に新しい価値を創造していく姿勢です。そのためには、自分の殻を破り、相手とともに変化していく勇気が必要となります。

「共創主義」への転換は、営業の現場でも求められています。かつての営業は「いかに相手を説得するか」という「操作主義」的な発想が主流でした。

しかし今日では、顧客と共に価値を創造していく「共創型の営業」へとシフトしています。これは単なる販売手法の変化ではなく、ビジネスの本質的な転換を示すものといえるでしょう。

わかりやすい例をお伝えしましょう。

東南アジア関連の仕事を20年以上している友人がこんなことを言ってました。

「最近は皆、日本人とは仕事をしたがらない。方法を変えたがらないか、変えるならばすぐに決断できないからだ。グローバルスタンダードは、方向性がざっくり合えば細かい変化にはこだわらず、すぐ決断する」

こうした「自らの変化への抵抗」は、操作主義で安定成長をしてきた日本経済が行き詰まっている理由の一つと言ってもいいかもしれません。改革を加速するには、方向性やゴールを揃えたら互いに変化し合う共創主義が必須ではないでしょうか。

このように、「操作主義」から「共創主義」への転換は、個人のマインドセットから組織文化、そしてビジネスモデルに至るまで、あらゆるレベルでの変革を必要とします。それは決して容易な道のりではありませんが、複雑化する現代社会において、避けては通れない課題となっているのです。

第 6 章

「Yes and」の活用事例

「Yes and」は人生のさまざまな場面で役立つ

これまで見てきた「Yes and」の考え方は、実際のビジネスや日常生活のさまざまな場面で活用することができます。本章では、実際に「Yes and」を実践した人々の具体的な事例を紹介します。それぞれの事例から、この手法がどのように機能し、どのような効果をもたらしたのかを見ていきましょう。

活用事例① 企画会議（鈴木さん・30代女性・企画職）

代理店とのキャンペーン企画の打ち合わせにおいて、鈴木さんは意識的に「Yes and」を実践しました。

「最初のうちは私だけが積極的に『いいですね。それが○○となると、さらにいいですよね。どうですかね？』と言うようにしました」と鈴木さん。すると、次第に参加者全員から肯定的な意見が活発に出るようになっていったといいます。

「出席者全員から自由な発想がどんどん出て、楽しい情景がそれぞれの頭の中に展開されているのがわかりました。何より、企画を自分たちで考えているという実感と、成功させたいという気持ちが生まれたことが大きかったですね」

特に効果的だったのは、誰も他人の意見を否定しなくなっていったことです。また、楽しい気持ちが増していく雰囲気が、打ち合わせの内容とマッチして効果的だったとのことです。

活用事例② 社内コミュニケーション（田中さん・40代男性・営業職）

田中さんは、部下からの業務遂行が難しいという連絡に対して「Ｙｅｓ ａｎｄ」を活用しました。

「まず相手の現在の状況を受け入れ、『しかし』『けど』という言葉を使わずに対話を進めました」と田中さん。その結果、自分のイライラ度合いが軽減し、相手もその後すぐに業務を遂行してくれたそうです。

「会社の状況も踏まえつつ、手を付けられない大変な状況であることを受け取り、理解することで、自分が対決モードにならない（なれない）ということに気づきました」

活用事例③ 夫婦間コミュニケーション（佐藤さん・40代女性・主婦）

佐藤さんは、庭の草取りに関する夫とのやりとりで「Ｙｅｓ ａｎｄ」を実践しました。夫がリビングでテレビを見ている状況に腹を立てそうになりましたが、異なるアプローチを試みました。

「夫が買ってきたミニトマトの茎が伸びすぎているのを取り上げ、『トマトの氾濫《はんらん》を防がない？』と誘ったら、ニッと笑って『お～、そうだな』と庭に出てくれました」

結果として、夫は庭仕事の半分くらいを手伝ってくれることになりました。「『少しは手伝ったら?』とか言ったら、別の展開になっていたでしょうし、お互い気持ちよくできたことが大きいです」と振り返ります。

活用事例④ ワークショップ（山田さん・40代女性・ファシリテーター）

山田さんは、企画メンバーとのワークショップで議論が行き詰まった際に「Yes andブレスト」という手法を導入しました。

「まず全員でルールを確認しました。どんな意見でも前向きに受け入れ、『いいね』と承認する。そして『さらに言うと……』『加えて言えば……』と、前の人の内容に重ねて発想を言っていく」

このアプローチにより、一人では思いつかないようなアイデアが次々と生まれたといいます。『Yes and』によって、仲間のアイデアに重ねて発想することで、新しい可能性が開けていきました」と語ります。

活用事例⑤ 1on1ミーティング（木村さん・30代女性・キャリアカウンセラー）

キャリアカウンセラーの木村さんは、1on1の面談で「Yes and」を意識的に取り入れています。

「相手の話の内容をまずは肯定し、相手の気持ちや自分の感想を付け加えて返すようにしています。その結果、相手が嬉《うれ》しそうな表情を見せ、話す量が多くなり、自己開示が進みました。信頼関係をより早く構築できたと感じています」

特に効果的だったのは、相手の話をいったん受けとめ、その流れに沿って返すという2つのステップを丁寧に行うことでした。

活用事例⑥ メールのやりとり（中村さん・30代女性・総務職）

中村さんは、社内の新しい仕組みを作る際の協力依頼メールで「Ｙｅｓ ａｎｄ」を実践しました。

「自分の伝えたいことをいろいろ書いてみて、「Ｙｅｓ」の視点で読み直してみました」と中村さん。その過程で興味深い気づきがありました。

「なぜそうした方がいいか、できていないことへのあるべき論的なニュアンスを生み出していることに気づいたんです」

効果的だったのは、「過剰な説明や理論的な表現を省き、受け取った人の目線でメールを書き直し、発信した」ことでした。「想いが強いと前のめりになりがち。知識や経験や想《おも》いが、全て自分中心に捉えてものごとを見ていると、人とのずれを自ら生んでいるんだなあと気づきました」

実践から見えてきた重要ポイント

これらの事例から、「Ｙｅｓ ａｎｄ」を効果的に実践するための重要なポイントが見えてきました。

❶急がない、力まない

「力まず、急がず、じっくり関係性の土台を築くことを忘れないこと」（木村さん）

「思い切り、もっと大きな声でやってもよかったなあ。考えてやっていると、勢いがない」（山田さん）

❷自然体を心がける

「フェイス・トゥー・フェイスでやったときにぎこちなくならないように自然体でやりたい」（田中さん）

「考えすぎると、わざとらしくなってしまう」（山田さん）

❸相手の立場に立つ

「相手に落ち度があるという視点でいることを手放すこと」（中村さん）
「違いを受けとめる意味で、まずは言ってみることが大切」（木村さん）

❹継続的な実践の重要性

「Ｙｅｓ ａｎｄを忘れてしまうことがあるので、そこが課題」（田中さん）
「接続詞に注意して、納得と発展の世界を広げたい」（鈴木さん）

これらの実践例が示すように、「Ｙｅｓ ａｎｄ」は単なるコミュニケーション技法ではありません。それは、相手の存在を認め、その意見を受けとめ、さらに新しい価値を付け加えていく。そんな「あり方」そのものです。日々の小さな実践の積み重ねが、よりよい関係性と創造的な対話を生み出していきます。

おわりに　――それでも人生に「Yes and」と言おう

本書を締めくくるにあたり、２０２４年11月13日に逝去した、詩人・谷川俊太郎《たにかわしゅんたろう》の詩の一節を共に味わってみたいと思います。

夏になれば
また
蟬が鳴く

花火が

記憶の中で
フリーズしている

遠い国は
おぼろだが
宇宙は鼻の先

なんという恩寵
人は
死ねる

そしてという
接続詞だけを
残して

谷川俊太郎「そして」
(『minimal』より)

この詩が示すように、人生は常に「そして」と続いていきます。

死とは不幸ではなく、次の世代に未来を託せる秩序であることが恩寵《おんちょう》なのだと、谷川さんは「肯定」つまり「Ｙｅｓ」と言っているのではないでしょうか。

第1章で述べたように、私たちは往々にして「否定」から入りがちです。それは生存本能として理解できることですが、だからこそ意識的に乗り越えていく必要があるということを、この詩は教えてくれます。


世紀のカップルとして著名なジョン・レノンとオノ・ヨーコを結んだのも、小さな「ＹＥＳ」でした。１９６６年、オノ・ヨーコのロンドンでの個展で展示された「ＹＥＳ」というアート作品は、白いはしごを登り、天井からぶら下がった虫眼鏡で覗くと、小さく「ＹＥＳ」と書かれている……というもの。ビートルズのジョン・レノンはこの作品に心を動かされ、やがて2人は人生のパートナーとなりました。

ユダヤ人作家のビクトール・フランクルも、アウシュヴィッツという人類史上最も過酷な状況を経験しながら、『それでも人生にイエスと言う』という著作を残しました。この事実は、私たちに人生における選択の本質を深く考えさせます。

私の大好きな歌手、さだまさしは『MOTTAINAI』という作品でこう歌います。「愛に溢れた時代なんだよ／本当は今世界に愛は溢れているんだよ／受け止める心が枯れているだけなんだよ」と。この言葉が示すように、私たちに必要なのは、受けとめる心、イエスと言える心なのです。

マイクロソフトのような世界的な企業でさえ、その価値観を大きく転換しています。量子力学が示すように、物事は観察者の認識によって実像を結びます。同様に、私たちの人生も、私たち自身の認識によって形作られていくのです。

チベットの精神的指導者で、チベット仏教の最高指導者として世界中で崇拝されているダライ・ラマ法王は「我々の共通点はたった一つ、それは幸せになりたいと思っていることです」と説いていますが、これはまさに認識の問題について触れているのだと私は確信しています。

……ちょっと話が逸《そ》れすぎたかもしれません。

つまり、何が言いたいのか。

「Ｙｅｓ ａｎｄ」を実践することを決意するのも、その実践の仕方を選ぶのも、すべては私たち自身だということです。

研修の場でもいつもお伝えしていますが、私は「Ｙｅｓ ａｎｄ」を押し付けることはしません。「ｂｕｔ」にも意味があり、「ａｎｄ」にも異なる意図があります。

それを選ぶのは、紛れもなくあなた自身なのです。

「生活」という言葉が示すように、私たちは「生きる」と同時に「活かされている」存在です。その両面を受け入れ、なおかつ自分の人生を自分で選び取っていく――それこそが「Ｙｅｓ ａｎｄ」の究極の姿なのかもしれません。

新しい時代は、確実に始まっています。科学的事実はいくらでもありますが、最後は自分で人生を選択するしかありません。全てを排除する人生も選べれば、全てを受け入れる人生も選べる。その選択の主導権は、常に私たち自身にあります。


どんな人生でも、「Ｙｅｓ」と言えるのはあなた自身です。

その選択によって、新しい可能性が開かれていくことを、私は確信しています。

なぜなら、それこそが人生という営みの本質だからです。


さあ、あなたも今日から、「Ｙｅｓ ａｎｄ」の実践を始めてみましょう。

きっと、想像もしなかった豊かな世界が、目の前に広がっていくはずです。


「さようなら」という言葉があります。

東京大学大学院教授や鎌倉女子大学教授を歴任された倫理学者の故・竹内整一先生によると、これは英語の「Good bye」とは意味が違うそうです。

本来、日本では平安時代から「さようならば」や「さらば」という接続詞が、次第に別れの挨拶になっていったとのことです。

そこに日本人が込めた意味は、これまでの現実をしっかり直視し、受けとめ、「さようであるならば、この先も、きっと大丈夫」ということのようです。

まさしく本書のテーマそのものですね。

この本を最後まで読んでくださったあなたに「これから先も大丈夫！」という意味を込めて贈ります。

「さようなら」

株式会社共創アカデミー代表取締役
中島崇学《たかあき》

【著者プロフィール】
中島 崇学（なかじま・たかあき）
株式会社共創アカデミー 代表取締役
共創ファシリ塾 塾長
NPO法人はたらく場研究所 代表理事
慶應義塾大学卒業後、NEC入社。人事、広報、組織改革など、社内外のコミュニケーション畑を歩む。特に組織改革では、社内ビジョン浸透のための「3000人の対話集会」の企画実施をはじめ、全社規模での組織開発 プログラムを実施。NEC在籍中より社外の仲間と活動開始。会社、家庭以外の「第3の居場所」を創り、そのコミュニティをもとにNPO法人はたらく場研究所を設立。組織開発をテーマに、組織を越えた、横断型勉強会を運営する。社内外の活動の循環が軌道にのり、2019年独立。ライブ型ファシリテーションスタイルの研修が好評を得て、上場企業から官庁、自治体まで活動の幅を広げる。現在は株式会社共創アカデミーを設立し、組織を越えて活躍できるリーダーを育成するためにファシリテーション・リーダーシッププログラムを提供。また、講師を養成し活躍の場も提供している。全国から口コミのみで、多くの受講生が集まる。これまで養成・指導してきた人材は3万人を超える。米国CTI認定CPCC、米国CCEInc.、認定GCDF。著書『一流ファシリテーターの空気を変えるすごいひと言』（ダイヤモンド社）。

編集協力　伊藤加奈子

いったん受けとめる習慣

2025年2月26日　　初版発行

著　者　中島崇学
発行者　太田　宏
発行所　フォレスト出版株式会社
〒162-0824 東京都新宿区揚場町2-18　白宝ビル7F
電話　03-5229-5750（営業）
　　　03-5229-5757（編集）
URL　http://www.forestpub.co.jp

印刷・製本　萩原印刷株式会社

ISBN978-4-86680-309-8　Printed in Japan

『いったん受けとめる習慣』

購入者限定無料特典

「Yes and」が楽しく使えるようになる

「andフレーズ集」

(PDF)

「いったん受けとめる」の習慣化は、
繰り返しの練習によって身につきます。
そこで本書でご紹介した「Yes andカード」で用いる
「andフレーズ集」を特別にご用意いたしました。
空気を吸うように「Yes and」が実践できるようになるまで、
日常生活のあらゆるシーンで活用してみてください。

※無料特典はWeb上で公開するものであり、
小冊子・CD・DVDなどをお送りするものではありません。
※上記特別プレゼントのご提供は予告なく終了となる場合がございます。
あらかじめご了承ください。

無料特典を入手するにはこちらへ
アクセスしてください
http://frstp.jp/uketomeru